人種主義の歴史

平野千果子
Chikako Hirano

岩波新書
1930

目次

序　章

人種主義を問う

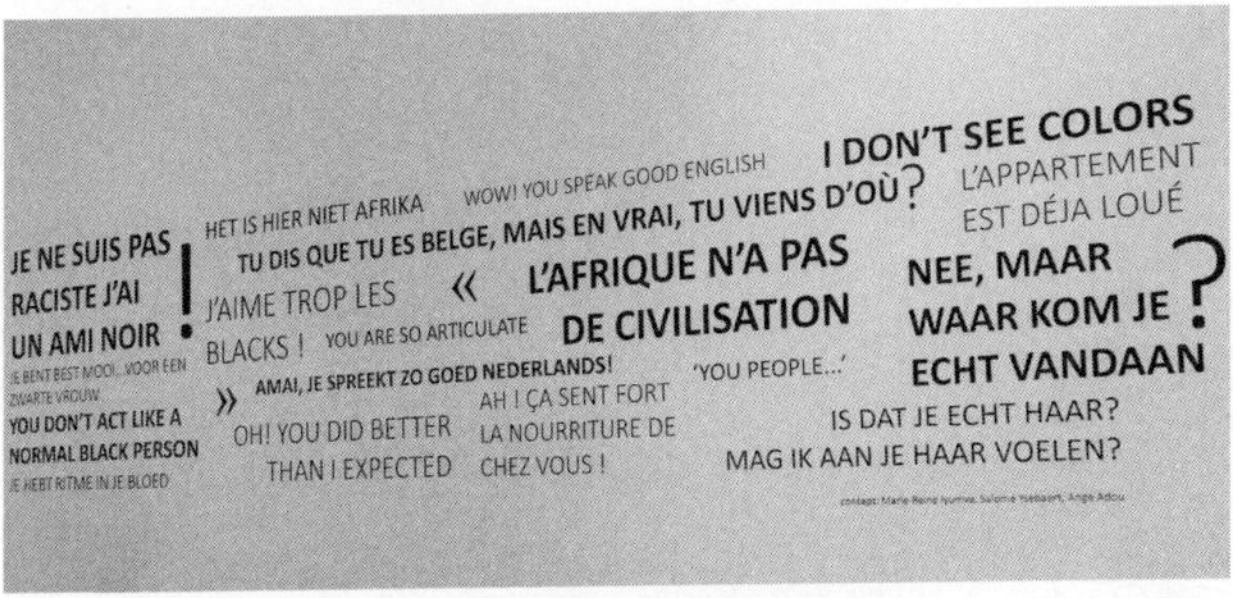

I DON'T SEE COLORS
WOW! YOU SPEAK GOOD ENGLISH
HET IS HIER NIET AFRIKA
TU DIS QUE TU ES BELGE, MAIS EN VRAI, TU VIENS D'OÙ?
L'APPARTEMENT EST DÉJA LOUÉ
JE NE SUIS PAS RACISTE J'AI UN AMI NOIR !
J'AIME TROP LES BLACKS !
YOU ARE SO ARTICULATE
« L'AFRIQUE N'A PAS DE CIVILISATION »
NEE, MAAR WAAR KOM JE ECHT VANDAAN ?
JE BENT BEST MOOI...VOOR EEN ZWARTE VROUW
AMAI, JE SPREEKT ZO GOED NEDERLANDS!
'YOU PEOPLE...'
YOU DON'T ACT LIKE A NORMAL BLACK PERSON
OH! YOU DID BETTER THAN I EXPECTED
AH ! ÇA SENT FORT LA NOURRITURE DE CHEZ VOUS !
IS DAT JE ECHT HAAR?
MAG IK AAN JE HAAR VOELEN?
JE HEBT RITME IN JE BLOED

「私は人種主義者じゃない．黒人の友達がいるんだ」……　アフリカ博物館(ベルギー，テルフューレン)の出口に掲げられた「マイクロアグレッション」の事例(終章参照)

1 言葉の始まり

本書は「人種主義」をめぐって、およそ大航海時代から今日までを通観しようとするものである。大航海時代を出発点とするのは、人種主義がここに始まると考えるからではない。この言葉がヨーロッパの言語に由来しており、そのヨーロッパが大西洋を越えて異なる人びととの接触が始まったことが、今日における人種概念やいわゆる人種問題にも大きくつながっていると考えるからである。考察にあたって、言葉について少し整理することから始めよう。

一九二二年六月二四日、ドイツ・ヴァイマール共和国の外務大臣ヴァルター・ラーテナウが右翼に暗殺された。ユダヤ系の実業家で、二カ月前に史上初の社会主義国家、ロシア・ソヴィエト連邦社会主義共和国とラパロ条約を結んだばかりだった。フランスの歴史家でドイツを専門とするアンリ・リシュタンベルジェは、同年に刊行した『今日のドイツ』において、この暗殺事件にかかわった極右のナショナリストで直接行動主義のグループが deutschvölkisch（ドイツ民族主義（者））と呼ばれていると述べ、これに「「ゲルマニスト」あるいは「人種主義的／者（raciste）」」という語をあてた。「人種」をテーマに多数の書物をものしているピエール＝アンドレ・タギエフによれば、この語が「人種差別」という意味を含んで使われたのは、この時が最初だという(『偏見の力』)。

一九二五年には、ドイツの社会状況を記したフランスの歴史家エドモン・ヴェルメイユが、「フェルキッシュ(völkisch)」という「翻訳しがたい」ドイツ語に、改めて「人種主義的」という単語を当てた(『現代のドイツ』)。民族を意味するフォルク(Volk)から派生した形容詞フェルキッシュはナチを大きく特徴づける言葉で、国粋主義的(民族至上主義的)という意味で使われていたものである。

周知のようにドイツでは、一九一九年に創設されたドイツ労働者党が翌年にはナチ党に改称。一九二一年七月からは党首となったアドルフ・ヒトラー(一八八九―一九四五)が独裁権を手にしていた。タギエフは、ナチ党が党勢を拡大する一九三〇年代には、「人種主義(レイシズム)」という言葉が陳腐なまでに流布するようになったと述べている。

ナチの思想の根幹に反ユダヤ主義があるのは言うまでもない。この言葉は反ユダヤ主義と相まって広まったことになるが、もちろんユダヤ人は「人種」ではない。基本的にユダヤ人とはユダヤ教徒のことである。それではユダヤ人は人種ではないが、肌の色の異なる人びとは異なる「人種」なのだろうか。

人種というのが文字通り、人の種を表すのであれば、本書では人間の種は一つであり、その意味で基本的に「人種はない」という立場に立つ。人種が、生得的で本質的な性質に基づく、他と区別される人間集団だとすれば、そのようなものはないというのは、今日研究者の間で合意されていることである。この点はすぐ後に述べることとして、その前に「人種」という言葉をみておこう。

人種の語源は、意外にはっきりしていない。オクスフォード英語辞典（ＯＥＤ）では、英語（race）はフランス語（race）から借用したとしつつ、語源はイタリア語の可能性を記している。有力なのはラテン語起源説だが、もととなる語彙が何かをめぐって議論があるという。そのイタリア語（razza）はフランス語の古語がもととされる（イタリア語辞典ズィンガレーリ）一方、フランス語にはイタリア語から入ったようである（プチ・ロベール）。またドイツ語（Rasse）にはイタリア語起源の中世フランス語から入ったのだという（ドイツ語語源辞典）。錯綜しているが、さしあたりこの言葉はラテン語系諸語に始まるというところだろうか。

ただしこの言葉は、当初から今日の私たちが考える「人種」という意味で用いられていたのではない。はじめは家系や血統、系譜などを意味していた。フランス語の辞典には同意語として「家族（famille）」や「家系・血統（lignée）」といった単語が記されている。それが間もなく動物の種の下位区分を意味するようにもなった。いわゆる「人種」としての使用例は一七世紀に入ってから、第二章で述べるが、「人種の分類」がなされる時代である。

さらに近年になっても、人種という語が統一的な意味で使われていたわけではない。実は先に言及した人種主義的／者という言葉の初出自体は、一九世紀末のやはりフランスにあるとされる。一八九七年一一月の反ユダヤ主義の新聞『リーブル・パロール(自由な言葉)』では、国際主義が高まるなかで、集会では「真にフランスの声、すなわち真に人種的な声」をあげなければならない、と主張されている。当時の保守派を代表するシャルル・モラースにならうなら、「人種主義者」とは、「「フランス人種」の存在を信じ、その一体性を保とうとする者」のこととなる。こうした意味での人種主義的／者という言葉の使用例は、一八九五年より前にすでに見出せるともモラースは述べている(タギエフ『偏見の力』)。

振り返るなら、一九世紀後半は労働運動が進展し、国際主義が力を得ていた時代である。その頃のヨーロッパは、一八七三年のウィーン株式市場の暴落に始まる不況に襲われてもいた。市場の暴落はユダヤ人が背後で操ったものとみなされ、反ユダヤ主義は大いに昂揚した。国をもたない彼らもまた国際主義を体現する、いわばコスモポリタンな存在であった。

他方でこの時期は、とりわけ西ヨーロッパ諸国においては国民国家の形成期、つまりはナショナリズムの時代であったことも忘れてはならない。そうした傾向は、当時の国際主義に対抗する形で、きわめて保守的な国家主義という意味での偏狭なナショナリズムの勃興も招いていた。それが排外主義を内包していたことは言うまでもあるまい。

「人種主義的／者」という言葉が、一九世紀末のフランスにみられたような意味で使われ始めたことには、意外の感があるだろう。人種主義者を誇らかに自称するなどということは、今日では考えにくいからだ。言葉の意味が時代とともに変わるとしてもである。「フランス人種」といった表現にも、違和感はぬぐえない。ここで人種は、明らかに私たちがイメージするものとは異なる使われ方をしている。これは要するに「人種」には実体がなく、社会で使われることで作り上げられるものであることを示しているのではないだろうか。今日でも新たな「人種」は作られうる。アメリカの国勢調査で、一九八〇年に「ヒスパニック」という人種の項目が新たに設定されたのは、その一例である。それまでこれらの人びとは単に「白人」に分類されていたのだから(中條献『歴史のなかの人種』)。

2 「人種」の不在

先に、人種はないという本書の立場を記したが、その点に移ることとしよう。繰り返しだが、生物学的には人間の種は一つであり、複数の人種はないはずである。それでも肌の色などの見た目で人種が違うという認識は、日本にも根強くみられる。こうした見方を疑問視すること自体が、驚きの対象ともなるようである。日本では肌の色による人種の分類は、中学や高校の社会科の授業で学んでいる場合が多い。メディアでもそうした物言いはあふれているのが現状である。人種の存在を否定するのは、たやすいことではなさそうである。

ところで一九三〇年代、人種主義という言葉が差別を含むものとして定着したその同時代、すでに当時の人種概念を真っ向から批判する論者たちがいた。なかでもここではアシュレー・モンタギュの名をあげておこう。本名はイスラエル・エレンバーグ。日本には、人種研究を牽引している竹沢泰子が早くに紹介している（「人種概念の包括的理解に向けて」）。ロンドン生まれで後にアメリカに帰化したユダヤ系のモンタギュは、人類学者で批評家としても知られている。研究者としては、博士論文の指導教授の一人だったルース・ベネディクトに評価されず苦労があった。第二次世界大戦後に勤めた大学は、反マッカーシズムの姿勢ゆえに辞職を余儀なくされたが、後には文筆家として多くの書物を残した。

モンタギュは一九三〇年代からナチの人種論を科学的に打ち砕こうと、すでに健筆をふるっていた。一九四二年、最新の三年間の論考を集めて一書にしたのが『人間の最も危険な神話――人種という謬論《びゅうろん》』である。モンタギュは一九九九年に九四歳で没するが、最後までこの書に手を加え続けた。同書の基本的主張は、人間の集団に明確な線引きをするのは不可能であり、最新の科学に照らせば、人類学者の行ってきた分類は完全に誤った無意味なものだということである。要するに、人種の概念は無効だということに帰着する。

モンタギュが名を残すのは、第二次世界大戦後の一九五〇年に専門家集団を代表して「人種に関するユネスコ声明」を起草したことによる。ユネスコが『人間の最も危険な神話』の著者モンタギュを招いて一九四九年に国際シンポジウムを開催し、その成果を一つの声明として公表したものである。刊行当初にはさして反響を呼ばなかったモンタギュの書が、第二次世界大戦におけるナチのホロコーストを経て一気に注目を浴びるようになったのは、皮肉といえようか。

一五項目からなるこの声明では、まず冒頭で、生物的差異は副次的なもので、人類は一つであることが明記される。そのため人種とは、生物学的には何らかの指標による特徴をもつ人びとの集団を示す言葉といえるものの、人間相互の違いが根本的な相違なのだと誤解されていることから、国籍、宗教、地理、言語あるいは文化の面で異なる集団を「人種」と一般に捉えられていることが問題として指摘される。続けて、多くの場合は肌の色で分けられる集団も、静態的なものではなくダイナミックに変動し固定的でないこと、集団による知的・精神的差異はないこと、「混血」は退化につながらないことなどが記される。そして生物的現象が社会的神話として機能している状況が指摘され、「人種」とは神話なのだという点が最後に強調されている(ユネスコ『人種問題に関する四つの声明』)。

こうした主張には人類学や生物学の専門家から、近代科学の理論というよりは、哲学的あるいはイデオロギー的理論だとの批判もあった。そこでユネスコは形質人類学者や生物学者、なかでも遺伝学者を中心に二つ目のシンポジウムを開催し、一九五一年にもう一つの声明を出すにいたった。

しかしそれは第一の声明と大きくは変わらないものだった。その第二の声明では、人類学の分類においては人種という言葉を使うことで合意したとしつつも、他方で人間はみな他と混淆した(mixed)存在で純粋な人種などは存在しないのに、人種という概念が誤って使われていると認めている。そして生物学的に異なる集団をさすのにふさわしい新たな言葉を探したものの、成功しなかったとする。結果としては見た目の相違や言語、文化などといった社会的・文化的要因から、人種概念が作り上げられていると認める内容となっているのである。

第一の声明については、当時の科学の水準をまとめたものではなく、要するにナチの人種理論を一つ一つ裏返したものだとの指摘もある。確かにヒトラーの『わが闘争』第一巻の第一一章「民族と人種」に述べられていることと照らし合わせれば、大筋でそうした傾向は読み取れる(タギエフ編『人種主義史批判事典』)。それでも、人類が一つであることや、人種概念が社会的に構築されたものであるとの主張の根拠として、今日でもこの第一の声明はまず参照されるものとなっている。それだけナチの思想が現実から乖離した極端なものだったわけでもあるが、異なる人びとが共存する社会ではつねに軋轢《あつれき》は起きるのであり、いつでも私たちは類似の思考に陥りがちであることに、モンタギュが起草した声明は警鐘を鳴らし続けているといえよう。

実はモンタギュは、人種という概念を放棄し、「民族グループ(ethnic group)」という言葉に置き換えることを提案している。確かに「黒人」なり「白人」なりと総称される人びとは決して一枚岩の存在ではない。現実には彼らの間にもさまざまな差異があるのであり、今日ではそうした角度からの探究も深められている。肌の色での分類に過度に注目される現実からすれば、これは一案とも考えられる。

とはいえ周囲を見回してみれば、人種主義的行為として目につくものは、みな民族を区分として起きているだろうか。そもそも「民族」なるものの境界は、果たして自明だろうか。「混血」と称される人びとはどう位置づけられるのか。「人種」を「民族」に置き換えることで、むしろみえなくなる側面はないのだろうか。今日では新たな問いも浮かぶだろう。ユネスコの第二の声明でも、人種に代わる言葉はみつからなかったと認めている。

先に引いたタギエフは、一九六〇―一九八〇年代の議論を紹介している。人種の現実は社会的、政治的なものであり、人種は社会的排除のカテゴリーとなっている、そうであれば、いくら人種なるものが科学的に根拠薄弱だと示したところで、心理的に刻まれているカテゴリーを消し去るには十分ではない、というのである（『偏見の力』）。これは今日にも通じる指摘ではないだろうか。人種という言葉自体を放棄すべきだとする論者は当初からいるものの、人種の観念が社会に浸透し、広汎に使われているなかで、この言葉を避けることがより問題の核心に迫れるというわけではないと思われる。

3　人種主義が人種を作る

以上を踏まえた上で、本書の立場を以下にまとめておきたい。人種というものが本来は存在しないことを前提として、本書では「人種主義」、とりわけ「人種」が歴史的に使われてきたことを踏まえてこれらの言葉を使う。およその定義を試みるなら、人間集団を何らかの基準で分類し、自らと異なる集団の人びとに対して差別的感情をもつ、あるいは差別的言動をとることを人種主義とする。人種主義においては、分類された集団は多くの場合序列化され、基本的には自らを上位に位置づける集団が自らを優遇し、同時に下位とみなされる集団を差別の対象とする。それらの集団の性質は遺伝するとされるので、差別は世代を超えて続いていく。そうして分類された集団が、「人種」として認識されるものである。つまり差別的なまなざしが、逆説的に人種を作り出しているといえる。そうであれば、人種が示すものも、人種の意味も、時代によって変遷しうる。

哲学者ジャン゠ポール・サルトルは『ユダヤ人問題に関する考察』(一九四六年)において、ユダヤ人は無前提に存在するのではなく、反ユダヤ主義という思想がユダヤ人を作り出すと指摘している。頻繁に言及される論点だが、これはまさに、人種は所与の存在なのではなく、人種主義が人種を実体化させていると言い換えられる。そしてこれから本書でもみていくように、人種人種主義はそれぞれの時代で裏づけとなる思想や制度や科学に支えられていくのである（エティエンヌ・バリバール「レイシズムの構築」）。

差別という観点からすれば、一九六五年に国連総会で採択された「人種差別撤廃条約」の第一条に掲げられた「人種差別」の定義は参考になる（一九六九年に発効）。要約すればそこで述べられる人種差別とは、人種、肌の色、家系や国籍や民族などの出自に基づいて差別や排除をする、あるいは優遇することであり、政治、経済、社会、文化、その他の面において人権や基本的自由を阻害する結果をもたらす。以上の表現は妥当に思われるが、あえて言うなら、ユネスコ声明で人種はないとされた後にも、こうして「人種」なるものに基づく差別や排除が「人種差別」だと定義されている現状は指摘されてよい。

ちなみにレイシズムは「人種差別」とも訳しうる。しかし本書では「人種主義」を使う。人種主義には、単に差別というだけでなく、人間集団の分類によって人種を創出、序列化して、その差別を肯定するもろもろの理屈も含まれると考えるからである。そこには「混血」という単純には分類しがたい存在をどう扱うかという論点も含まれる。

ところで、日本語で「人種主義」という訳語が広まったのは、かなり新しいことのようだ。筆者は一九九〇年代に、レイシズムの訳語として「人種主義」というのは奇妙だと主張する同僚と議論したことを憶えている。フランスのクセジュ文庫の一冊が『人種差別』として一九八九年に日本語に訳出されているが、この書の原題は *Racisme* である。一九九六年にはアルベール・メンミの書物が『人種差別』として訳出されているが、原題はやはり *Racisme* である。本文での訳語の選択はともかく、全体を表すタイトルに「人種主義」が採用されていないことには、この語の使われ方が示されているようにも思う。

それでも今日では日本でも、人種主義という言葉はすっかり定着している。事実、先に引いた「人種差別(racial discrimination)」撤廃条約の名称自体、「人種主義(racism)」撤廃条約だと思っている人もいるようである。その背景には日本における人種問題への関心の高まりもあるだろうが、つまりは差別が終わらず、むしろ昂じてきている現実もあるだろう。

本書はおもに欧米、それもヨーロッパが記述の軸となるが、それはヨーロッパの植民地支配の歴史という筆者の専門ゆえであり、日本が人種主義と無縁であるからではない。日本では、人種が肌の色のような目に見える差異として認識される傾向が強く、人種差別が黒人差別と同義に捉えられている面すらあるのではないか。

しかし見た目に大きな違いがないところにも、差別は確実に生じてきた。部落差別にはいまだに根深いものがあるし、近年のヘイトスピーチをあげるまでもなく、近隣のアジア諸国出身者への差別もやみそうにない。近代国家形成期に顕著にみられたアイヌや琉球など、周縁の地の人びとへの差別も視野に入れれば日本にも深刻な人種主義があるというべきである。十分に取り上げることはできないが、筆者の人種主義への関心は、日本で日々直面する状況に発していることは、ここに記しておきたい。

本論に入る前に、さらに二点ほど述べておこう。一つはレイシズムという表記である。近年では、このカタカナ書きを使う事例を頻繁に目にするようになった。この言葉には人種や民族など複数の要素が関わるのみならず、この言葉自体のもつ変容のダイナミズムがあることなどが理由としてあげられる。しかし本書では、そうした諸々の事象を含むことを認識した上で、カタカナ書きは用いず、日本語訳として人種主義とする。

第二にジェンダーについてである。性の違いは当然のことながら人種としては語れない。フランス語辞典プチ・ロベールでは「女性に対する人種主義」という用法は「誤用」で、それには性差別主義(セクシズム)という言葉が記されている。「同性愛者に対する人種主義」も同様で、同性愛嫌悪(ホモフォビア)を用いよとのことである。本書でも性をめぐる問題に関して人種主義という言葉を当てはめようとするわけでは、もちろんない。しかし女性を男性より下位に位置づけることは、人種概念なり人種差別の理論化に際して多くの場合含まれるものだった。本書はジェンダーの問題を正面から取り上げるものではないが、この点も及ばずながら意識していくつもりである。

最後に細部ではあるが、人種はないという観点からは、人種や人種主義、あるいは白人や黒人、さらには混血、もしくはインディオなどの言葉には「　」を付すべきところ、煩雑さを避けるため、本書では基本的に括弧はつけていない。また、アメリカ合衆国はアメリカ、いわゆる新世界はアメリカ世界と記載するが、前後で明らかなときは単にアメリカと記していることをご諒解いただきたい。

第1章

「他者」との遭遇

アメリカ世界からアフリカへ

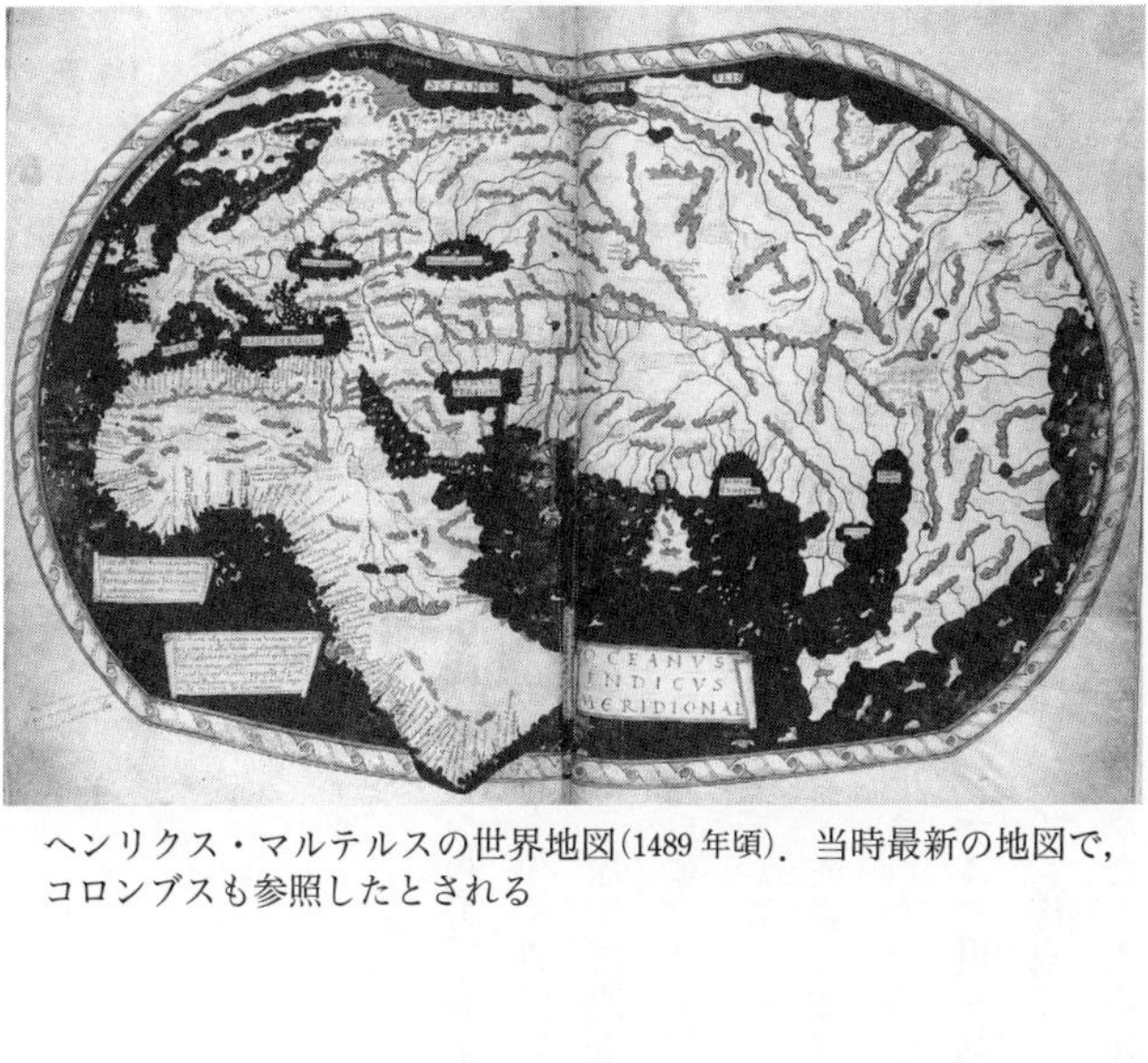

ヘンリクス・マルテルスの世界地図(1489年頃). 当時最新の地図で, コロンブスも参照したとされる

第1節　大航海時代

1　一四九二年という幕開け

一四九二年、クリストファー・コロンブス(スペイン語ではクリストバル・コロン、一四五一―一五〇六)がスペイン南部のパロス港から大西洋を横断し、後にアメリカと呼ばれる世界(具体的には、カリブ海のサンサルバドル島)に到達したのは周知のことであろう。当時、いち早く外洋に乗り出していたのはポルトガルだった。ポルトガルはすでにアフリカ西岸沿いを、徐々に距離を伸ばしながら何度も南下を試みて、コロンブスの航海に先立つ一四八八年、ついにバルトロメウ・ディアスがアフリカ大陸南端の喜望峰を東にまわって、インド洋に到達していた。

しかしコロンブスの航海は、ヨーロッパにとって未知の世界を切り開いた点で、従来と比べ物にならないほどの大きなインパクトをもたらした。まずは、球体であると証明された世界がスペインとポルトガルで二分された。コロンブスの航海の翌年に教皇アレクサンデル六世が教書を出し、地図上に両者の間での分割線が引かれたのである。これは教皇がスペイン出身で、スペインに有利なものだった。スペインでは「贈与大教書」と呼ばれている。不満だったポルトガルはスペインに働きかけ、一年後の一四九四年にトルデシリャス条約が結ばれて、分割線が引き直された。南米大陸全体がスペイン領とされたのは改められ、今日のブラジルに相当する東側がポルトガル領となったのは、この条約による。

この時の分割が、即座に両国による領域支配につながったわけではない。ヨーロッパという地域が実際に世界の覇者となるのは、ずっと後のことである。とはいえ、自分たちからみて「新しい」地に境界線を引き、住民の意向を無視してその土地を所有するという発想は、まさに近代の植民地主義に直結する思考であろう。その背後に列強による綱引きがあったこともしかりである。

本章では前の時代との連続性も意識しつつ、この時代に焦点を当てて、ヨーロッパが自らとは異なる人びとに遭遇したことから生じた議論、そしてアメリカ世界に導入されていく黒人奴隷をめぐる状況を、順にみていくことにしよう。

それに先立って、まずは一四九二年という年についてさらに、スペインで起きた別の二つの事件に言及しておきたい。レコンキスタ(国土回復運動)の完了と、ユダヤ教徒に対するカトリックへの改宗令である。イベリア半島には八世紀に、北アフリカから攻め上ったイスラーム王朝が成立しており、それ以後イスラーム勢力を駆逐しようとするレコンキスタが展開されていた。ポルトガルではすでに一三世紀半ばに完了していたが、スペインでもようやく一四九二年一月、最後のイスラーム王朝が拠点を置いていたグラナダを陥落させ、イスラーム支配に終止符を打ったのである。続いて三月には、ユダヤ教徒に対してカトリックへの改宗令が出された。改宗しないユダヤ教徒は追放と定められた。

両国による新たな航路の開拓には、香料や黄金を求めるという経済的動機があったと同時に、キリスト教の布教も重視されていた。ようやく内なる異教徒を排除した王権には、キリスト教を軸に凝集力を高めようとする意図があったからである。キリスト教化がヨーロッパ諸国による征服のいずれにも共通だったわけではないが、この時代の一つの重要な要素ではあった。

2 コロンブスの視線

ところでコロンブスの当初の航海目的は、香料などを産出する豊かなアジアに西回りで達することであった。そのため、到着した場所がヨーロッパにとって未知の世界だとは知らないまま、現地の先住民を「インディオ」(インド人)と呼んだ。彼らはどのような人たちだったのか。基礎となる情報は、やはりコロンブスがもたらしている。原典は残っていないものの、後に言及するドミニコ会士バルトロメ・デ・ラス・カサス(一四八四—一五六六)が要約した『コロンブス航海誌』には、そのまなざしがよくうかがえる。コロンブスは足を踏み入れる土地ごとに、黄金をめぐる情報を記し、また土地の人に出会うごとに、彼らは宗教をもっておらず物分かりもよいので、すぐにもキリスト教徒になると思うと述べている。

しかしコロンブスは彼らのうちに、近い将来のキリスト教徒をみただけではない。到着直後には、「彼らは利巧なよい使用人となるに違いない」と考えている。また二カ月ほどたったころには、彼らは裸で武器もないし臆病なので、命令して働かせればよいという所見が記されている。最初に出会ったときから、これら姿かたちも生活形態も大きく異なる人びとと、言葉を換えればヨーロッパとは違って自然のなかで生活する人びとを、自らに仕える労働者とみなしているわけである。そして、まず実現するのはこちらである。

彼らのなかに「人食い」がいたとも報告されている。多くの書物が指摘してきたように、それはコロンブスによる状況からの判断である。しかもコロンブスは現地の言葉がわからず、通訳を介しても意思疎通が的確にできていなかったことが『航海誌』には繰り返し記されている。結局、実際の人肉食の行為が目撃されないまま、その地には人食いがいるとヨーロッパに伝わった。ラテン語にも類似の単語があったせいか、人食いだとされたカリブ人

1-1　バルトロメ・デ・ラス・カサス像(セビーリャ，インディアス総合古文書館)

から、これを意味する新しい言葉「カニバル」がスペイン語に導入され、以後、ヨーロッパ各言語に広まることになる。

それまでヨーロッパ内部の他者はイスラームであれユダヤであれ、信仰をたがえるという意味で異質な者たちであった。しかし海の彼方で出会った新たな「他者」は、信仰の面で異なるだけでなく、見かけも生活習慣も大きく違い、さらには「野蛮な」習俗をもっているとされた。コロンブスが命令して働かせればよいと考えたこれらの人びとの生活が根底から覆されるのに、さして時間はかからなかった。

3 働き手としての他者

コロンブスは都合四回の航海をしている。最初は三隻だったが、一四九三年の第二回目の航海では軍備も整えた一七隻、乗員は一二〇〇―一五〇〇名という大船団が編成された（イヴ・ブノ「カリブ海インディアンの破壊」）。探検や冒険といった当初の様相は後景に退き、めざす土地を征服する意図が明確に表れたものとなった。

武器をもたないインディオに、スペインは征服戦争をしかけた。一四九三年には、コロンブスが第一回航海でエスパニョーラと名づけた島（現在のハイチとドミニカ）を舞台に、最初の反乱も起きている。弾圧された人びとのなかには翌年、奴隷としてスペインに送られた者たちもいた。加えて天然痘やチフスなどヨーロッパがもち込んだ病気によって、免疫のなかった多くの命も奪われた。

のみならず、インディオは鉱山開発などの過酷な労働にも駆り出された。それも彼らの命を縮めるのだが、その労働は法制度上も整えられていく。一五〇三年には、征服に功績のあった者たちにインディオを労働者として割り当てる、エンコミエンダ制が導入された。キリスト教化が義務として掲げられたが、実質は強制労働制だった。

そうした現状を前に、布教を担った宣教師の間からは批判が起こり、一五一二年にはブルゴス法が制定される。これはインディオを虐待から守る法のはずだったのだが、掲げられた目的とは裏腹に、事実上エンコミエンダ制を認めるものだった。インディオはスペイン人に従属する存在と位置づけられ、彼らへの強制労働が法的に認められる結果を招いたのである。

ではどれほどの人口が失われたのか。推計値はさまざまだが、コロンブスが到来したころ、最初の拠点のエスパニョーラ島では一一〇万人いたものが、一五〇七年に六万人、一五二〇年には一〇〇〇人ほどになったという説もある。小さな数字でも、三八万人が一〇分の一以下の三万四〇〇〇人にまで減ったとされる（染田秀藤『大航海時代における異文化理解と他者認識』）。不足する人手を周辺の島々に求めたが、やはり奴隷労働の結果、プエルトリコ島などでは絶滅した（ブノ「カリブ海インディアンの破壊」）。中南米全体でも大きな損害を被り、後にスペインに滅ぼされるアステカやインカといったメキシコやペルー全体では、七〇〇〇—九〇〇〇万人を数えた人口が、コロンブス到来の一世紀半後に三五〇万にまで減少したとされる（エドゥアルド・ガレアーノ『収奪された大地』）。

4「インディオは人間か」

海の彼方のこうした状況をめぐって、本国スペインでは議論が起きていた。まずはインディオは人間なのか、すなわち理性的存在なのかというのが大きな論点だった。それは彼らの奴隷化の是非ともかかわってくる。これに一つの答えを出したのが、教皇パウロ三世による一五三七年六月の教書である。この教書はインディオを「真の人間」と認め、結果としてインディオの奴隷化も禁止した。インディオを過酷な労働に使役することは、すでに短くない期間にわたって続けられてきたが、この教書でそれには終止符が打たれるはずであった。

しかしちょうど一年後、教皇は自らこの教書の撤回を余儀なくされる。植民地経営に支障をきたすとみた王権の介入があったからである。新たな教書では撤回の理由として、キリスト教宣布の妨げになることは除去すべきだと記されている。奴隷労働を伴おうとも、アメリカ世界の開拓なくして布教はない、ということである（西山俊彦『カトリック教会と奴隷貿易』）。

それに先立って王権自身が、インディオの処遇に対する批判を受けて、奴隷化をすでに禁じたものの、やはり撤回に追い込まれていた。王室には財政面の余裕がなかったため、海外への遠征は国王を後ろ盾にしていたとはいえ、民間に頼らざるをえないという事情があった。民間の利益が優先され、彼らが利益を得る手段を許容する面から、現地人の処遇は後回しにされた。時代はコルテスによってメキシコが(一五二一年)、ピサロによってペルーが(一五三三年)征服された後のことである。征服地の開拓を前に、インディオの強制労働、つまりは事実上の奴隷労働を必要とする現状が、次々と追認されていった。

新たな土地の征服が、「催告」の朗読のみで認められた点も記しておこう。征服者が現地の人びとに、教皇がヨーロッパにとっての新天地をスペインに与えたことを告げ、国王の支配と伝道を受け入れるよう促し、結論を出すまで一定の猶予を与えるというものである。相手の意思を尊重する体裁を取りつつ、実質的には言葉も通じない相手に一方的に勧告するだけで、もしも拒否されれば彼らへの征服戦争は正当とみなすという、はなはだ身勝手な理屈であった。

新天地の状況は、知識人の間でも議論になった。その中心となった一人がドミニコ会の神学者フランシスコ・デ・ビトリア(一四八三―一五四六)である。ビトリアは一五三九年一月に「インディオについて」、六月には「戦争法について」という二つの特別講義を、奉職していたサラマンカ大学で行った。いずれもスペインによるアメリカ世界の征服・支配に関して法的観点から論じたものである。さしあたり、これらから読み取れるビトリアの考えをみておこう。

1–2　フランシスコ・デ・ビトリア像（サラマンカ，サン・エステバン修道院前）

ビトリアの議論を縮めていえば、まずインディオはスペイン人と同じ人間だとし、自らの土地を所有しており、支配も信仰も強制されない存在だと認める。インディオを真正の人間だとした上述の教書が撤回された直後であるだけに、この点はより強調されたと思われる。しかしビトリアの結論は、スペインによるインディオの支配を正当とするものだった。その根拠は多岐にわたるが、本書の関心からすれば、スペイン人とインディオの間に上下関係をもち込み、「野蛮人」がスペインの行為を妨害するなら、戦争という手段を用いてスペインの布教の「権利」を守るべきであり、それはキリスト者としての義務であることにある（ビトリア『人類共通の法を求めて』）。

ビトリアは綿密な留保をつけながら、平和裡の交易や布教を社会の自然な道理だとし、そうしたスペインの理屈に則る征服は「正義の戦争」としたのだが、その根本にキリスト教の優越が指摘されよう。一見、平等主義とみえる前提を伴いつつ、キリスト教の優越という差別的な原理のもとに、征服・支配の戦争は正当化されたのである(大沼保昭「国際法史における欧米中心主義」)。

5 バリャドリ論争

インディオをめぐる議論は続いた。サラマンカ大学に集う人びとはビトリアの路線を継承するが、それとは別に両極端の見解が示されていた。一方には、彼らには理性がないとして奴隷化を当然視する立場、他方には、彼らを理性的存在とするのみならず、その奴隷化もスペインによる支配も容認しない立場である。議論は広範な人びとを巻き込んだが、両者の対立を象徴するものとして有名なバリャドリ論争がある。双方には長い前史もあり、この論争のみに注目することには短絡化との批判もあろうが、概要をつかむためにここでも言及しておきたい。

これは一五五〇年にスペイン国王カルロス一世(神聖ローマ皇帝カール五世)の命で開催されたものである。それまでの論戦も踏まえて、事前に一四人の神学者がバリャドリの地に審議員として集められていた。ビトリアの逝去後のことだが、名を連ねたなかには彼の後継者もいた。論戦の一方の当事者はアリストテレス学派のフワン・ヒネス・デ・セプルベダ、他方が前出のドミニコ会士ラス・カサス。論点は次のように設定された。すなわちインディオをまず戦争で支配に服せしめてから信仰を説くというのが、スペイン国王にとって正当か否かである。

第一日目に登壇したセプルベダは、これを正当とする立場だった(『第二のデモクラテス』)。アレクサンデル六世の贈与大教書を根拠に、征服して後に布教するというのである。現地では儀礼に際して人身犠牲が捧げられることなどもあげ、スペインの征服戦争は圧政からの人びとの解放に資するとした。彼の主張でつねに指摘されるのは、「先天的奴隷人説」であろう。古代ギリシャの哲学者アリストテレスの議論(『政治学』)に範をとるもので、要するにインディオは奴隷になるべく生まれた者たちということになる。一連の議論の出発点に、インディオは果たして人間かという問いがあったことを考えれば、セプルベダの立場はその一つの極を示すといえる。

翌日はラス・カサスの番である。ラス・カサスは一五〇二年に初めてエスパニョーラ島に渡った折に、インディオを得た。つまり当初はインディオを使役しながら農場経営をする側だった。その後にスペインで司祭になると現地の担当を任ぜられたが、従軍司祭としてキューバ征服軍に加わった際、現地で非道な行為を目にしたのを契機に回心し、自らもインディオを手放して、インディオの奴隷化や征服への厳しい批判を展開するようになった。一五二二年には平和的な植民活動を支援したドミニコ会に所属した。この時代のスペインでインディオ擁護に力を尽くした人物として、日本でもよく知られていよう。

ラス・カサスはセプルベダの主張に反駁すべく、五日をかけて弁舌をふるった。ラス・カサスは、武力で制圧して後に信仰を説いて改宗させるのはイエスの教えに反するのみならず、そうした手法があるべきキリスト教化を阻害し、ひいては王の支配も脅かすと述べた。征服戦争を全面的に否定する立場である。たとえば人身犠牲に関しても、それを罰することができるのは神のみであり、正しいキリスト教化とは平和的な改宗のみだと力説した（ルイス・ハンケ『アリストテレスとアメリカ・インディアン』）。

ラス・カサスの理想化を戒める論調もある。ラス・カサスは、インディオが先天的奴隷人ではないと主張したが、逆にいえば、先天的奴隷人の存在そのものは否定していない。またスペインには潜在的な支配権があると認めている。ただし、スペインの実質的な支配にはさまざまな条件が必要だとし、とりわけインディオの自発的同意が不可欠だとした点は重要だろう（松森奈津子『野蛮から秩序へ』）。インディオの意思によらなければスペインの支配は無効だとする立場は、当時の状況を考慮すれば、改めて注目してよいのではないか。

以上を振り返るに、外来の者が、見た目や皮膚の色、宗教、風習の違う他の人びとをどのように判断したかというのは根本的な論点であろう。自らとまったく異なる人びとを目にしたときに、そうした他者をどのように捉えどのような判断を下したか、一方のセプルベダは未知の世界に赴いたヨーロッパ人の、典型的な例となっている。

他方、ラス・カサスがその書き物で明らかにしたスペインの残虐行為は、スペインに追随して世界進出を図る他の列強が利用するところとなる。すなわち、スペインの残虐さに比して自らの征服や統治を寛容だと自賛し正当化する物言いが、ずっと後の帝国主義の時代にも頻出するのである。裏を返せばこのことは、ヨーロッパ各列強の海外進出の歴史はこの時代から一九世紀末の帝国主義時代まで、対象となる地域は異なるものの、その手法は大きくは変わらずに行われたことを意味している。この点はここで確認しておきたい。

バリャドリの論争は、休会をはさんで審議会が議論を費やしたが、公式な結論は出されなかった。史料もほとんど残されていない。この審議会を主催したインディアス枢機会議が国王宛てにしたためた上申書は、ラス・カサスの主張をくみ取ってはいたものの、現実はそれに沿っては進まなかった。

残る関心は、スペイン支配の進展でインディオが大量に命を落とした代替として、アフリカの黒人を奴隷として導入することである。一五〇一年九月の勅令で、アメリカ世界への黒人奴隷貿易は始まった(染田秀藤『ラス＝カサス』)。現地では、異なる生活環境やインディオによる反撃もあるなかで、高価な奴隷の購入は簡単ではなかった。それでも一六世紀の最初の四半世紀に、一万三〇〇〇人ほどのアフリカ人が売られている(エモリー大学を中心とする大西洋奴隷貿易データベース「奴隷の航海」)。そしてインディオ擁護に並々ならぬ精力を注いだラス・カサスは、後にその過ちを認めるのだが、当初はアフリカ人奴隷の導入を積極的に支持したのである。

アフリカ人を労働力にというのは、唐突な発想だったのだろうか。次に彼らをめぐる状況をみていくこととしよう。

第2節 ノアの呪い――黒人蔑視の淵源

1 アフリカ人奴隷の取引

ヨーロッパの歴史に目を向けていると、アフリカ人奴隷といえば、大西洋奴隷貿易がまず思い浮かぶ。大西洋奴隷貿易とは、ヨーロッパの物産をアフリカにもち込み、それで得た黒人奴隷をアメリカ世界で売って、そこのプランテーション栽培で収穫した砂糖やコーヒーなどヨーロッパにはない物産、いわゆる「植民地物産」をヨーロッパにもたらすもので、三角貿易とも称された。アメリカ世界に植民地をもったヨーロッパ諸国は輸入した産品を、それらを手に入れることのできないヨーロッパの他地域に「再輸出」し、その差額で利益を上げたのである。ヨーロッパの儲けは、三角貿易と呼ばれるものの、もう一つ先にあった。

ところで黒人奴隷の取引には、三つの経路があった。大西洋貿易のほかに、アフリカ大陸内部の交易と、アラブのイスラーム商人が仲介した東方貿易である。大西洋貿易に比してこれら二つの貿易は、歴史的にずっと古く長い。いずれもおよそ七世紀半ばから二〇世紀半ばまで続いたとされる。七世紀半ばは、イスラームが誕生して間もなくの時代である。

アフリカ内部の交易は、アフリカ人がアフリカ人を捕らえて売買するものだった。東方貿易はそうしたルートを利用しつつ、イスラーム商人が中東に奴隷を送り込んだ。ずいぶん後の時代のものだが、参考までに取引された人数をあげるなら、一七七〇年から一九世紀末にかけて東アフリカから売りに出されたのは一二五万人、うち半数をやや超える者がアフリカ内部での取引だったという(マリー・ゴードン『アラブ世界における奴隷制』)。しかしこれらについては研究の蓄積もさほどなく、見積もりには相当な幅がある。一〇世紀を超える期間の総数はわからないというのが現実だろう。ともあれ大西洋奴隷貿易は、これら既存の二つの貿易の上に成り立ったものである。

中東研究の碩学バーナード・ルイスは、イスラーム圏では九世紀ごろから奴隷をめぐる記述が現れ始めたと述べている。奴隷となったアフリカ人の間でも出身地が異なることや、イスラーム化以前のトルコ人、さらには白人も奴隷になっているなど、奴隷の出身がさまざまであることは認識されていた。それらの記述は書き手や時代によって相違はあるが、それでもアフリカの黒人に関してはかなり似通った記述があるという。すなわち裸で生活して偶像を崇拝し食人の習慣があるなどといった、「原始的」な生活形態の指摘、人間の標準から遠いという評、あるいは、その見かけの違いを書き立てた挙句、互いに子どもを売っているとか知能が弱いといった具合である(『中東における人種と奴隷制』)。

当時はキリスト教徒であれムスリム(イスラーム教徒)であれ、同じ宗教の者は奴隷としないのが基本だった。しかしサハラ以南アフリカにもイスラームが浸透し、黒人の間にもムスリムが増えてくると、あからさまな侮蔑の記述は減ったものの、黒人は「他のムスリム」とは異なるとの認識のもとに、彼らを商品化する実践は続いた。

ここで記しておくべきは、一五世紀半ばには、すでにイベリア半島などのヨーロッパにも、黒人奴隷がいたことである。それまでヨーロッパでは、奴隷といえばロシアやヨーロッパ東方のスラヴ人が主だった。アフリカからの奴隷に目が向けられるようになったのは、オスマン帝国の勃興などの地域情勢の変化により、スラヴ人奴隷の調達が困難になったことが背景にある。やがてアフリカ大陸に沿って南下する試みに乗り出したポルトガルは、アフリカ大陸で行われていた奴隷売買にもかかわるようになる。最初にアフリカ人を奴隷としてヨーロッパに連れ帰ったのはディニス・ディアス。バルトロメウ・ディアスの父である。

ヨーロッパで初めて奴隷市場が開設されたのは一四四四年。筆者はかつてポルトガル南端のサグレス岬近くにあるラゴス市で、ヨーロッパ初だという奴隷市場の跡を訪れたことがある。航海を推進したエンリケ航海王子の像が立つ広場に隣接する市場跡には、最初の奴隷市が立った年として一四四四年と刻まれていたのを思い出す。

1-3　エンリケ航海王子像．見つめる先には海がある（ラゴス，レプブリカ広場）

ヨーロッパ史のなかでは気づきにくいことだが、これ以降の売買で、黒人奴隷はイベリア半島にも広がっていった。前節でラス・カサスがアメリカ世界への黒人奴隷の導入を推奨したと記したが、それについては未完に終わったラス・カサスの『インディアス史』に記載がある。すなわち、エスパニョーラ島に入植したスペイン人は、インディオを解放しない限り、ラス・カサスなどドミニコ会の修道士たちが自分たちに罪の赦しを与えようとしないのを見て、一二、三人の黒人奴隷をエスパニョーラ島へ連れてくる許可を国王から得られるならば、インディオを解放する、と伝えたというのである。どこから黒人奴隷を連れてくるのか。それは「カスティーリャから」、つまりスペイン本国にいる黒人奴隷をカリブ海に連れていく、ということである（『インディアス史』第五巻）。

前述のように、黒人奴隷の取引は一六世紀初頭から始められていた。一五〇五年にはスペイン国王フェルナンドが、銅山開発のためエスパニョーラ島に一〇〇人の黒人奴隷を送り込んでもいる。アメリカ世界での黒人労働は、実態として展開されていた(ヒュー・トマス『金の河』)。ラス・カサスがこの話に乗ったのは、ポルトガル人が黒人たちを、不正義かつ暴虐的な手段で捕らえて奴隷化していたことに気づかなかったからだという。『インディアス史』のこの部分は、ラス・カサスが自らの過ちの理由を述べたものとして、もっぱら引用されてきたのだが、要するにスペイン本国にもエスパニョーラ島にも黒人奴隷はおり、その現実の存在から黒人を代替の労働力にするという考えが、入植者にもラス・カサスにも、自然なものと受け止められた状況を語るものだろう。

スペインの黒人奴隷についての数字をみると、たとえば南部のセビーリャでは、人口の一〇%程度が奴隷だったが、そこに黒人や混血(スペイン人と黒人)の占める割合は、ラス・カサスが活躍した一六世紀前半には七〇%、一六世紀末には八割から九割になったという(関哲行「近世のアンダルシーア都市セビーリャにおける黒人兄弟団」)。

スペインはじめヨーロッパ各国で、黒人奴隷が労働力の大半を占めるような事態になるわけではないが、アメリカ世界で黒人奴隷による大規模プランテーションが展開していく最初の段階で、イベリア半島における黒人奴隷の存在が先行していたことは、指摘されてよい。ラス・カサスは現実の不正義を認識して以降は、インディオやアフリカ人といった区別なく、「人間」の奴隷化を告発するようになった。少なくともラス・カサスより前に、アフリカ人の奴隷化を告発する者はいなかった(染田秀藤『ラス＝カサス』)。
ところで先述のルイスは、イスラーム圏にはさまざまな出身の奴隷がいたものの、アフリカ人の奴隷化が広まると、奴隷という存在と黒い肌が同一視されるようになったと指摘する。黒人の奴隷化を正当化する根拠として、後世に盛んに引用される物語に目を向けよう。「ノアの呪い」の物語である。

2 「カナンは呪われよ」

『旧約聖書』の「創世記」には、ノアの箱舟の顚末が記されている。あまりに有名で改めて記すまでもないが、神の被造物である人間が堕落したので、神がノア一族とそれぞれの動物のつがいを箱舟に乗せ、それ以外はすべて大洪水で流してしまったというものである。実は「創世記」第九章には、洪水が引いた後に起きた興味深い場面が記されている。神に救われたノアはぶどう畑を作る農夫となった。ノアには三人の息子、セム、ハム、ヤフェト(ヤペテ)がいたが、そこではさらにハムの息子のカナンに言及される。短いので、まずその部分を読んでみよう。

あるとき、ノアはぶどう酒を飲んで酔い、天幕の中で裸になっていた。カナンの父ハムは、自分の父の裸を見て、外にいた二人の兄弟に告げた。セムとヤフェトは着物を取って自分たちの肩に掛け、後ろ向きに歩いていき、父の裸を覆った。二人は顔を背けたままで、父の裸を見なかった。ノアは酔いからさめると、末の息子がしたことを知り、こう言った。
「カナンは呪われよ。奴隷の奴隷となり、兄たちに仕えよ」。
また言った。
「セムの神、主をたたえよ。カナンはセムの奴隷となれ。神がヤフェトの土地を広げ、セムの天幕に住まわせ、カナンはその奴隷となれ」。

（「創世記」第九章『聖書』新共同訳、日本聖書協会）

勝手に酔って裸で寝ていたノアが後から何が起きたかを聞いて、自分を辱めた（とノアが考えた）ハムの息子カナンを呪ったという話で、「ノアの呪い」、あるいは「ハムの呪い」と一般に呼ばれるものである。以上のノアの息子三人は、三つの民族の起源だと解釈されている。三つの民族が何をさすかはいくつか説があるが、およそ四―一四世紀の間に、セムはアジア人、ハムはアフリカ人、ヤフェトはヨーロッパ人とみなされるようになった（ブルース・バウム『コーカサス人種の盛衰』）。

それにしても、奇妙な物語である。神に選ばれたノアの過剰とも思える反応もさることながら、なぜ父が裸だとわざわざ兄弟に告げたハム自身ではなく、その息子カナンに呪いがかけられたのだろうか。これにはあまたの説が提示されているが、アメリカ先住民にルーツをもつウイリアム・マッキー・エヴァンスによれば、聖書研究者の間では歴史に沿った解釈が示されている（「カナンの地からギニアの地へ」）。

それによるとこの物語は、古代ヘブライ王国（統一イスラエル王国）が栄えたダヴィデやソロモンの時代の産物だという。紀元前一二世紀ごろ、遊牧民だったヘブライ人が東の砂漠から「カナンの地」（パレスチナの古代の呼称）に侵入を試みる。ヘブライ人がこの地を征服して王国を建てるのは紀元前一〇世紀。そのころには同地のカナン人は大きな被害を受け、残った者は奴隷化された。加えてヘブライ人と時を同じくして、西からはペリシテ人もこの地の征服に乗り出

1–4　（上）中世初期の神学者セヴィーリャのイシドールスの『語源』に掲載された世界図（TO 図）．アジア，ヨーロッパ，アフリカの 3 つに分けられたそれぞれの地に，聖書の物語に沿ってセム，ヤフェト，ハムが相当するとされている．（下）1472 年にドイツで刊行された『語源』に掲載の TO 図

しており、ヘブライ人とともに彼らも勝者としてカナンの地にとどまった。結局カナンの地には、ヘブライ人とペリシテ人が共存することになった。

ヘブライ人はセムの子孫を自任する。他方でペリシテ人はヤフェトだとされる。つまり神がヤフェトの土地を広げてセム、すなわちヘブライ人の天幕に住まわせ、地名と同じ名をもつカナンがその奴隷となったというのは、過去に起きたことが下地になっていると考えられているのである。

この物語を記すのは、こうした解釈の当否は別にして、この三人の息子の名前が後世の人種論でも大いに使われるからである。たとえばセムがアジア人の祖と認識されるようになったと記したが、ここでいうアジア人はヨーロッパの東側、つまり今日の中東あたりの人びとのことで、アラブ人やユダヤ人などがそれにあたる。

ただし同時に、そうした分類が時代状況や立ち位置によっていくらでも変わりうることも記しておこう。前に引いたルイスによれば、この物語はイスラーム圏でも参照された。その際、アラブ人がセムの子孫であることには合意がある一方、トルコ人やスラヴ人はヤフェトとされた。他方でペルシャ人やビザンツの人はヤフェトなのか、セムなのか、見解は分かれたという。後に肌の色による分類が唱えられるようになっても、セム人とみなされる人が、一律に同じカテゴリーに含められたわけでもない。ヨーロッパの基準で彼らの分類が変遷することは、後の章のテーマである。

3 人間の奴隷化の正当化

それでは「ノアの呪い」がこのような経緯で創作されたとして、ハムの息子カナンはいつごろ黒人奴隷と同一視されるようになったのだろうか。エヴァンスはこの点にも言及している。イスラーム商人が担った東方貿易は、当初は取引量は小さかった。それが一〇世紀ごろには、アフリカから安定的に黒人奴隷が導入されるようになった。そうしたなかでこの物語は再構成され、肌の色の黒い奴隷にハムを重ねる語りが生まれたというのである。これは先のルイスの指摘とも符合する。

ただし、「ノアの呪い」が実際に黒人奴隷を「正当化」する物語として使われていくのは、ずっと後のことのようである。まずルイスによれば、イスラーム圏では、アリストテレスの先天的奴隷人説もこの「ノアの呪い」も、黒人を蔑視する根拠として流布することはなかった。イスラーム圏は、アメリカ世界のように白人の主人と黒人奴隷という二分法のような社会ではなく、白人奴隷もいれば自由な黒人もいたからだという。

もっとも、奴隷の多様性が主要な理由であるかについては疑問をもたないではない。白人奴隷の場合、徐々にその数は減っていったし、もともと黒人奴隷とは異なる位置づけで高価だったからだ。それよりは黒人奴隷の存在が常態化するなかで、むしろ黒人を奴隷とすることに、正当化の必要がなかったからと考えられないだろうか。当時の社会では、人間の間に上下があり、そこに生じる主従関係を重んじることは重要とされた。キリスト教世界をみても、たとえば宗教改革の先駆けとなったマルティン・ルターは、キリスト教の奴隷にもムスリムの主人に従うよう説いたともいう（ロビン・ブラックバーン『新世界の奴隷制の形成』）。

黒人の奴隷化を正当化する必要性は、もっと後に顕著になる。『人種主義の歴史』を著したジョージ・フレドリクソンは、一九世紀後半、南北戦争を前にした時期のアメリカで、奴隷制の擁護派によって「ノアの呪い」がもち出されたと記している。奴隷制廃止が進められる背後には、人間がみな等しいという近代の思想の広まりもあるだろう。聖書に発する物語は、そうした価値観を否定して、奴隷制を擁護する側が自らの主張の根拠を聖書の物語、より正確には聖書の物語の解釈に、求めたことになる。

話はやや先走ったが、こうして近世に大西洋奴隷貿易が興隆していくのと並行して、人間の分類が本格化することになる。そちらに話を進める前に、二点ほど記しておきたい。

一つはイスラーム商人がアフリカ人を奴隷としていた一方で、ヨーロッパではムスリムが奴隷扱いされていたことである。カトリック教会は、インディオの奴隷化を容認すると同時に、サラセン人（ムスリム）など、敵対する人びとの奴隷化も認めていた。信仰の異なる者同士が、異なる場所でそれぞれを奴隷化していたわけだ。しかし双方の側で、徐々に奴隷はアフリカ人に収斂していく。アメリカ世界に売られていったアフリカ人の場合は、多くがキリスト教の洗礼を受けた。そうすると、主人であるヨーロッパからすれば、アフリカ出身者に対して異教徒の奴隷化という理屈も成り立たなくなる。他者を奴隷にする根拠は宗教の相違ではなく、直接的に人間の相違に求められていくのである。

もう一つは、奴隷を論じるなかに、妻の夫への従属を当然視する物言いがみられることである。前節で触れたビトリアは、神の法によって妻が夫に従属していると述べる。それは信仰を重視するからで、夫に信仰心がないなら妻は信仰を守るために夫から解放されうるのだという。これは、インディオが真のキリスト教徒になれば、信者でない支配者から解放されることの譬えとして挿入されているものだが、主従の関係性は前提である。またイスラーム圏では黒人に対する先天的奴隷人説は広まらなかったものの、一部の論者が女性に対して男性が上であるという点で、アリストテレスを援用することがあった。こうした女性をめぐる見解が、支配・従属関係が論じられる際に普遍的にみられることも、指摘しておこう。

第2章

啓蒙の時代
平等と不平等の揺らぎ

『法の精神』を手にするモンテスキュー

第1節　人間を分類する

1　世界の探検の進展

一六世紀、第一章で述べたインディオをめぐる議論が交わされている間にも、ヨーロッパによる世界の探検は進んだ。南北アメリカ大陸の未知の領域には、さまざまな探検家がそれぞれの国家を背景に果敢に挑んでいった。スペイン王を後ろ盾にしたマゼランの一行によって、一五二一―一五二二年には世界周航がなしとげられている。ただし太平洋では、一六世紀後半にアメリカ世界とアジアとの間を横断する航路が確立するものの、多様な島々にヨーロッパ人がたどり着くのはもう少し後の一七世紀、開拓の本格化は一八世紀、さらには一九世紀になる。

太平洋については、アメリカ世界とアフリカ大陸で起きたことが同時に再現された点を記しておこう。すなわち各列強の進出に伴って、ヨーロッパ人がもち込んだ疫病や度の強いアルコール、さらには銃火器によって、多くの犠牲者を出したのみならず、現地の風紀が攪乱され社会が不安定化したことである。人口の喪失について述べるなら、たとえばタヒチでは、イギリスのキャプテン・クックが航海した一七七四年に二〇万人と見積もられたものが、一世紀後には九〇〇〇人にまで減ったという（増田義郎『太平洋』）。

他方、一六世紀の初めに開始されたアメリカ世界の黒人奴隷制は、その後拡大を重ねていき、大西洋をはさんだ奴隷貿易も進展を続けた。本章でおもな焦点を当てる一八世紀の啓蒙の時代は、大西洋奴隷貿易が飛躍的に伸びたことが大きな特徴である。コーヒーの木のカリブ海植民地への移植や、サトウキビ栽培も進展し、必要とされる奴隷の数は大幅に増えた。一八世紀前半の二五六万人という奴隷の交易数は、一七世紀全体のそれにほぼ等しい。一八世紀後半にはさらに増えて、四〇〇万人ほどが取引されている。およそ四〇〇年にわたる大西洋奴隷貿易の総取引量のおよそ三分の一が、この半世紀の間に行われた計算である（エモリー大学を中心とする大西洋奴隷貿易データベース「奴隷の航海」）。

奴隷の需要拡大は、ヨーロッパでコーヒーに砂糖を加えて飲む習慣が広まったことに直接関連する。一八世紀に各地にできるコーヒーハウスでは、コーヒーを片手に、奴隷貿易への投資の情報交換をするだけではなく、そのコーヒーや砂糖の生産にあたる奴隷労働の是非も、議論されるようになる。そうした時代を背景に、人間の分類がなされるようになった。分類された人間の「優劣」をもとに、大西洋奴隷貿易やアメリカ世界での奴隷化は、その是非が論じられてもいくのである。本章では、さまざまに提唱された人間の分類、次いで黒人奴隷／奴隷制をめぐる議論を取り上げることとする。

2　資料の収集から分類へ

いわゆる大航海時代、航海者たちはヨーロッパにはない海外のものや情報を本国にもち帰った。ヨーロッパの学者の間では、それらをもとに、本格的な分類の試みが始まる。資料を収集し、整理・分類して名づけるという行為は、支配の側を象徴する営みである。このような作業が科学の基礎となるのは言うまでもないだろう。聖書の教えに沿って世の中を理解する姿勢から、客観的な観察に基づいて世界を理解しようとする姿勢への転換が生じたことは、この時代の大きな特徴である。その客観性がどこまで「科学」の名に堪えうるかは、今日考え直されている点でもある。

本節では、人間の分類をめぐる問題に焦点を当てていく。今日「人種分類」と認識されている事象は、この時代に淵源があるが、その中身は実にさまざまだった。ここではまずは博物学者による主だった分類をまとめることとする。そこで、一般的に分類の嚆矢《こうし》とされるスウェーデンの博物学者カール・リンネ（一七〇七―一七七八）から始めよう。

主著の『自然の体系』は初版の一七三五年から改訂を経て版を重ね、何巻にも上る大著となった。鉱物・植物・動物にわたるリンネの分類は網羅的で、「神が創りリンネが分類した」と言われている（レオン・ポリアコフ『アーリア神話』）。人間に関しても、版を重ねるごとに考察が加えられた。

現代に「人種分類」として伝わる部分に注目するなら、アメリカ人(インディオ)、ヨーロッパ人、アジア人、アフリカ人という四分類が、リンネのものである。肌の色はそれぞれ、赤褐色、白、黄、黒。性格としては、アメリカ人は怒りっぽく頑固で自由を好む、ヨーロッパ人は活発・明敏、器用で創造的、アジア人は鬱的で厳しく贅《ぜい》を好み吝嗇《りんしょく》、アフリカ人はずるく怠惰で投げやりだという。また統治は順に、慣習によって、法によって、意見によって、支配者の恣意によって行われているとのことである。この四分類は、古代ギリシャのヒポクラテス医学による四体液説(四つの気質によって身体の状態を説明する考え)を汲んでいるとされる。加えてリンネには、四分類と並ぶ位置に「奇形人」や「野生人」など、今日では否定されている項目もあった。

今日にリンネの名とともに残る四分類とは、要するに地域と肌の色を組み合わせ、それに性格づけを施したものだと言えよう。肌の色によって分けるという端的でわかりやすい指標に、性格の違いを組み合わせることで、明示されないまでも序列もおのずと読み取れる。その意味において、人種主義の基礎となるものが示されている。

つけ加えるなら、ヨーロッパ人の身体的特徴として、金髪に青い眼と記されている。金髪碧眼は、北欧のリンネの周囲には多かったとも考えられるが、少し視野を広げてみれば、ヨーロッパの一部の特徴にすぎないことはすぐにわかる。現実はさておき、ヨーロッパではすでに長い歴史のある金髪碧眼への崇拝は、人種論においてヨーロッパ人が序列化の上位となる一要素に組み込まれ、後の世にも繰り返し記されていくことになる。

3 分類の多様化

リンネ流の分類が、そのまま受容されていったわけではない。リンネが自然を分類しようとしたのに対し、リンネと同時代のビュフォンは、自然の多様性を説明しようとしたとされる。フランスの博物学者ジョルジュ＝ルイ・ビュフォン（一七〇七―一七八八）は「交配」が可能という意味において人間は一つだとしたが、その上で、人の相貌からは四種類どころかもっと多くの分類が可能だと主張した。

人が単一のものであるなら、見た目の違いはどこからくるのか。ビュフォンは最も美しいとした白人を人間の原型とみなし、肌の色の異なる者はそれから「退化」したとする。そうであれば原型の対極は、肌の色が黒い人びとになる。退化の理由は気候である。彼らは暑い気候のもとにいたために、何世代もかけて肌が黒くなったとビュフォンは説いた。

こうした説を唱えた背景には、一八世紀のヨーロッパで知られるようになった「アルビノ」の存在がある。アルビノは今日では遺伝子疾患として知られるが、当時ビュフォンは黒人の間に生まれる肌の色の白い者を、もともとの白い肌への先祖返りだとみたのである。

白い肌が黒くなるには膨大な時間がかかるが、ビュフォンは最も簡単に肌の色を変えるのは、「交配」によって混血を生み出すことだとする。ビュフォンにとってはそれが、表面的な相違は「事故」にすぎないことを証明する最良の方法だという。つまりビュフォンは遺伝的な決定論に立つのではなく、すべては可変的だと考えていたことになる（遺伝の概念については第四章で言及する）。

そこからビュフォンは、ある実験を構想していた。当時、オランダ領だった南アフリカには、ホッテントットと呼ばれる人たちの存在が知られていた。ビュフォンはホッテントットを寒冷なヨーロッパに連れてきて、彼らの間で「交配」を続ければ、何世代でその肌の色が「洗われる」か、つまりどれだけの時間で元来の白に戻るのか「観察」できると考えた。他者を強制的に移動させて長期にわたって観察の対象にするという思考は、端的に人間を「もの」として扱う視線である。ホッテントットはこの時代の人種論では頻繁に登場するもので、その呼称も含めて後に改めて取り上げることとしたい。

リンネやビュフォンより少し後の世代のブルーメンバッハはどうだろうか。形質人類学（自然人類学）の祖の一人とされるドイツのヨハン・フリードリヒ・ブルーメンバッハ（一七五二―一八四〇）はリンネの四分類に対して、主著である『人間の自然の種について』第三版（一七九五年)において、五分類を提唱したことで知られている。それは白人に相当するコーカサス、黄色のモンゴル、黒いエチオピア、赤いアメリカ、そしてやはり黒いマレーである。前の四種は、リンネの分類の踏襲ともみえるが、それにマレーが加わっているのは、この時代には太平洋の探検の成果がもたらされていたからである。

なおこの書はラテン語で、ブルーメンバッハは五つに分類したものをそれぞれ「変種(varietatis)」としているが、ドイツ語訳(一七九八年)では人種(ドイツ語ではなく外来語を踏襲してRace)という言葉も使われており、変種と混在している。ブルーメンバッハについて論じた弓削尚子は、いずれも人類の下位概念として使われており、これらは同義のものとみなしうると述べている(「「コーカソイド」概念の誕生」)。弓削にならってここでも人種という言葉を使うこととする。

コーカサスやモンゴルという名称は、もとは同時代のドイツの哲学者クリストフ・マイナース(一七四七―一八一〇)が用いたものである。ただし、マイナースが世界を「白い肌で美しいコーカサス」と「暗色の肌で醜いモンゴル」という二分類としたのに対して、ブルーメンバッハはこの用語を(マイナースのものだと断りなく)取り込んで五分類を提示し、歴史に名を残すこととなった(ブルース・バウム『コーカサス人種の盛衰』)。

興味を引くのは、コーカサス人種という名称である。言うまでもなくこれはコーカサス地方からとっている。黒海とカスピ海にはさまれた地域で、今日の国名でいえばアルメニア、アゼルバイジャン、そしてジョージアあたりである。白色人種ではなく、コーカサス人種という呼称を学校で学んだ人もいることだろう。彼の分類は、やはり白人を美の規範とするもので、最も美しいのがコーカサス人種だとした。

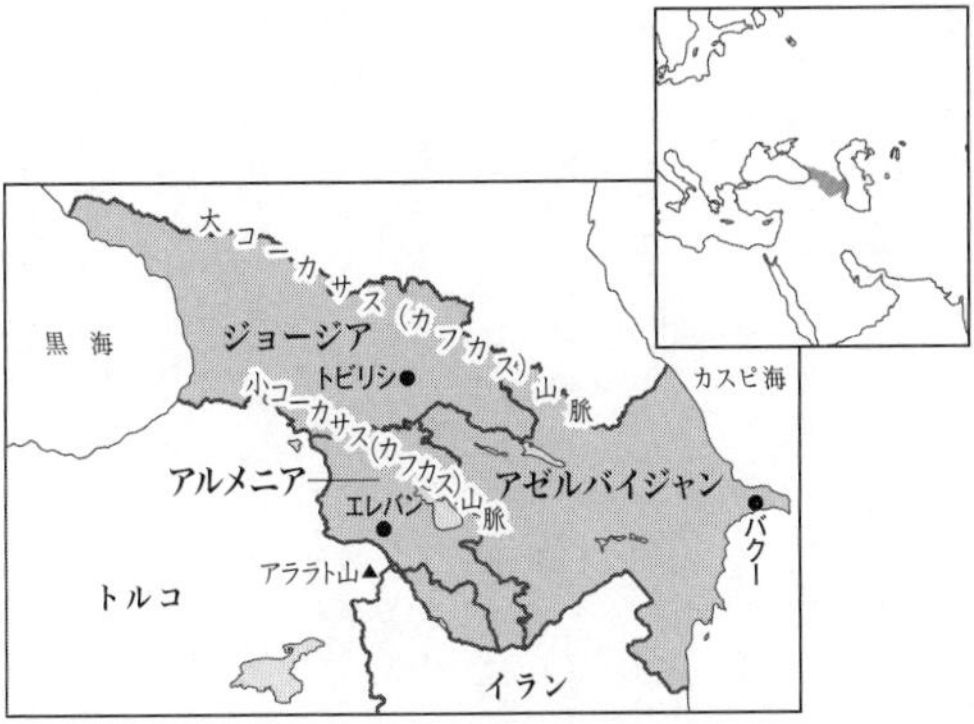

2-1　コーカサス地方

その美の基準は頭蓋骨である。彼は各地の頭蓋骨を収集・分析することで分類を試みた。頭蓋骨は人びとの変異の決め手の一つとして、当時重視されていた。オランダの比較解剖学者ペトルス・カンペル（一七二二―一七八九）は、人間の横顔からみて顎が突き出ているさまを顔面角と定義して、測定によって分類を試みている。ブルーメンバッハより一年後のことになるが、ドイツ出身でウィーンやパリで活躍した解剖学者フランツ＝ヨーゼフ・ガル（一七五八―一八二八）は、頭蓋骨の凹凸などに優劣が現れるという骨相学を公にした。それらに対してブルーメンバッハは、顎や頬骨の向き、頭蓋骨の広狭、額の位置など多様な要素を抽出し、より包括的に頭蓋骨を論じて自説の精緻化につなげた。

また従来の論者が書斎で探検家たちのもち帰る資料から論じていたのに対し、ブルーメンバッハが頭蓋骨を用いて具体的観察から結論を導いたことは、人種をめぐる議論を一歩、科学に近づけたといえるだろうか。ただしブルーメンバッハの美の判断基準は、結局は観察者の主観によっていた。これは、いわゆる科学との距離を感じさせるものではある（弓削尚子「「コーカソイド」概念の誕生」）。

ところでこの名称に、若干の違和感を覚えないだろうか。なぜヨーロッパの辺境といえるコーカサスが、白人全体を代表する名称となったのだろうか。それについて考える前に、もう一人、言及しておくべき人物がいる。

4　ベルニエ――人間と性の分類

人種の問題に関心のある読者であれば、人間の分類を最初に試みた人物として、フランスのベルニエの名前を思い浮かべたのではないか。リンネらよりも一世紀ほど前の時代を生きたフランソワ・ベルニエ（一六二〇―一六八八）は、医師で哲学者だった。ベルニエの特徴は、自ら旅してヨーロッパ外の世界を体験したことである。イスラーム圏（オリエント）に一二年滞在したうち八年は、ムガール帝国で宮廷の医師を務めた。

ベルニエが名を残すのは、一六八四年に匿名で刊行された小論「異なる人間の種類、あるいは人種(race)による新しい大地の分類」の著者としてだが、これが「人種」という言葉が新しい意味で使用された最初とされる。すなわち家族や系譜といった従来の意味ではなく、より広い概念として、私たちが今日考える人間の種という意味である。序章で言葉の変遷を記した際に、いわゆる「人種」としての使用例が一七世紀からだと述べたのは、ベルニエのことである。ベルニエ以後、この言葉がつねに人種として用いられるわけではないとはいえ、近代のとば口でこの意味で使われ始めたことは、確認しておいてよいだろう。

ベルニエは論文の冒頭で、それまで地理学者は地域でしかこの世界を分けてこなかったとし、自らは旅の体験から「人」によって分類すると述べている。分類は四つ。第一にヨーロッパのほぼ全域(モスクワあたりは除く)に加え、北アフリカ、アラブの国々やペルシャ、インド、モンゴル、さらにはモルディヴ、シャム、ボルネオ、そしてアメリカの住民(インディオ)。第二にアフリカ人、第三はアジア人、そして第四はラップ人(サーミ)である。

ベルニエの分類は、体つきや顔つき、肌の色や体毛に基づくが、肌の色は決定要因ではない。「オリーヴ色の肌をしたアメリカ人」も、ヨーロッパ人の範疇に入れられている。個別の分類とするほどの相違が、自分たちヨーロッパ人との間にないと判断されたからである。

それでも第二のアフリカ人の共通点は、やはり黒い肌である。各人が太陽のせいで黒くなったのではなく、どの気候の地域に行っても生まれる子どもは黒いので、個別の種だとみなしたという。身体的特徴としては、厚い唇やつぶれた鼻、また男性に髭がないことなどがあげられている。ジェンダーの視点から人種の歴史を読解したエルザ・ドルランによれば、髭がないという指摘には、男女の性差がみられないのは劣等で卑しい生まれの徴《しるし》だという、当時の通念が反映されているとのことである（『人種の原型《マトリス》』）。次いで第三のアジア人は、肌は白いが広い肩に平らな顔で、豚のように小さな眼などが特徴とされる。

最後のラップ人は北欧のラップランドなどの遊牧民で、サーミを自称する。ベルニエは二例しか「見本」を見たことがないが、彼らは醜い動物に近くて人間かどうかすらわからないという。いつの世も異なる地域の人びとには奇異の目が向けられるが、彼らはヨーロッパで格好の笑いの対象とされ、後の帝国主義の時代には見世物にもなっていく。ちなみにリンネはラップ人を、「奇形人」のカテゴリーに入れている。

もうおわかりのように、ベルニエの分類そのものは後世には伝わらない。この論文は、科学アカデミーの雑誌に掲載されたとはいえ、結局は彼が出入りしていたサロンのなかの、たわいないおしゃべりの種として受け取られた。

しかしベルニエには、人種の分類や概念という意味で、その後の時代に示唆的な側面がみられる。まずはベルニエが、女性の分類もしていることである。以上の分け方とは異なって、女性の分類はほぼ「美」が基準とされる。第一に、エジプトおよびその他のアフリカの女性である。黒い肌、鷲鼻、小さな唇、等々がその特徴である。濃い肌の色が必ずしも負の要素と考えられていないことは、先に示した分類で北アフリカのエジプト人が第一グループに入れられていたことに関連するだろう。女性の分類とはいえ、ベルニエが参照基準としたのは大半が奴隷、それも性的目的も含まれる奴隷である。

さらにベルニエによれば、最も美しい女性がいるのは、実はコーカサス地方である。たとえばペルシャ出身の女性はさして美しくないのだが、その中心都市イスファハンは美しい女性であふれている。のみならず、男性もみな美しい。なぜなら、コーカサス地方からきわめて多くの美しい女性の奴隷たちを連れてきているからである。トルコ（オスマン帝国）についても同様のことが指摘されている。ベルニエによれば、コーカサスに世界で最も美しい人たちがいることは、中東の人びともまたヨーロッパの旅行者もみなが認めるところだという。先に引いたドルランは、ここに今日の言葉でいう「優生学」的な実践があると指摘する。美しい人の多い地域から奴隷を買い入れた結果、美しい人が増えたのであれば、「交配」が起きたからにほかなるまい。

ブルーメンバッハにせよベルニエにせよ、コーカサスの人が美しいことを根拠に論じているが、美の評価に果たして客観性があるのだろうか。ここではひとまずおいておこう。

5　コーカサス人種をめぐる問い

さて、そこでコーカサスである。改めて、この言葉を定着させたブルーメンバッハに目を向けよう。頭蓋骨を精査した成果であるブルーメンバッハの論からは、さまざまな問いが浮かび上がる。以下にいくつか考えていきたい。

まずそもそも誰がコーカサス人種だとされたのか。コーカサス人種と聞くとヨーロッパの白人が想起されようが、そこにはアジア人の一部も含まれた。その地理上の東端は、ウラル山脈東側のオビ川、その南西のカスピ海、さらにはインドのガンジス川だとされた。加えて北アフリカの住民もコーカサス人種に入っている。ブルーメンバッハがベルニエに依拠したわけではないが、アジアやアフリカの一部まで含める視線は、ベルニエにも共通するものである。

コーカサスの人が最も美しいというのは、近世ヨーロッパでかなり共有された見方だったようだが、コーカサスをめぐっては、ここが人類発祥の地だとする考えが流布していた。その根拠は何よりも、コーカサス地方のアルメニアに、ノアの箱舟がたどり着いたとされるアララト山(現トルコ東端)が位置していることである。第一章でノアの三人の息子に言及したが、洪水ですべてが流されたのであれば、ノア一族がまさに人類の起源となろう。

もう一つ、ギリシャ神話もある。ギリシャ神話のプロメテウスは人間に火を与えたことでゼウスの怒りを買い、山頂に磔《はりつけ》にされた。日々肝臓を鷲に啄《ついば》まれるも、不死であるため夜中に肝臓は再生し、プロメテウスへの責め苦が続くという物語だが、磔にされた場がコーカサス（カフカス）山脈だとされる。しかもプロメテウスの父は、ノアの息子ヤフェトと同一視されるイアペトスだという。つまりプロメテウスはヨーロッパ人の先祖にもあたるわけである（マーティン・バナール『ブラック・アテナ』）。

ただし、以上のような説をブルーメンバッハが述べているわけではない。ブルーメンバッハにとって「人間の起源の秘密を解き明かす鍵」が「美」だけだったというロンダ・シービンガーの指摘は、ここに記しておきたい（『女性を弄ぶ博物学』）。

そのコーカサス人種の美の探究に、ブルーメンバッハは女性の頭蓋骨を用いている。研究には圧倒的に男性の頭蓋骨が用いられるものだったのだが、ブルーメンバッハは自身が示した五大人種のうち、コーカサス、マレー、エチオピアの三人種については女性の頭蓋骨を基にした。美しさが論じられたのは、何より女性だったことがあろう。

ところが最も美しいとされたコーカサス以外には、「女性の頭蓋」だと記録していない。しかも、ブルーメンバッハが自著に掲載した各人種の図像は、コーカサス人種を含めて、すべて男性の顔だった。女性でなかったことは、科学において男性が表象するのが一般的だったからである。さらに加えて、このコーカサス人の図像は単に男性だったのではない。それはターバ

2–2　ブルーメンバッハ『人間の自然の種について』における「コーカサス人」. 1796年版ではトルコ大使エフェンディ(上), (下)1810年の別の版ではペルシャ人モハメド・ジュムラ

ンを巻いた在ロンドンのトルコ大使だった(ちなみに一八一〇年の異なる版に掲載されるコーカサス人は、同じくターバンを巻いた男性だが、バウムによればペルシャ人である)。

先に引いた弓削尚子は、「文化的他者性」をヨーロッパの読者が意識できるようなモデルが選ばれたという説を紹介している。それはキリスト教徒か異教徒かという二分法を脱し、キリスト教を相対化する姿勢であり、宗教的寛容の現れだともいう。

ではそれは、ブルーメンバッハに差別的まなざしがなかったことを示しているのだろうか。彼が当時において差別からは遠く、人類に優劣をつけようとしたのでないというのは定説である。そうはいうものの、その五分類は最も美しいコーカサスを頂点として、一方には「アメリカ」↓「モンゴル」という変異が、もう一方には「マレー」↓「エチオピア」という変異があると図式化される。換言すれば、白い色からより黒い色へという、相貌の変化を伴う二方向への変異、さらにいえば退化である。

白人が優れているという当時の通念に「美」が強調されたこの図式からは、仮にブルーメンバッハに差別の意識がなかったとしても、序列化が起きていることは否めない。当人の意図とは別に、差別的な様相が浮き出てしまうことが、人種問題の複雑さでありまた悩ましさであるのは、現代においても変わらない。

そしてこの五分類については、すでにスティーヴン・J・グールドが、まさに図式化するためにブルーメンバッハはリンネの四分類を踏襲しつつ、新たに情報を得たマレーを加えて五分類を提示したのだと指摘している（『人間の測りまちがい』）。確かに三角形の図式化はわかりやすいが、結果として序列が可視化されるものだといえるだろう。

こうしてみるとコーカサス人種という名称は、美を基準に提唱され、上下を視覚的に訴える図式とともに、流布していた聖書や神話の物語とも相まって、広く受容されていったと考えられる。「美醜を論じない人種論はない」（マイケル・チュリ「ラオコーンとホッテントット」）のであれば、美に客観性があるか否かは、やはり重要な問いに思われる。

つけ加えるなら、今日でもコーカサス地方のジョージア近辺に美人が多いという説は、インターネット上でも流布している。ジョージアは、実はブルーメンバッハが最も美しい人が多いとみなした地だった。こうした物言いが根強く残っているのは気になるが、さらに気になることがある。近年の日本では、肌の色による分類が差別的との認識が増したせいか、従来は白人と呼んでいたものをコーカサス人種と言い換えるケースもあるようである。それは果たして中立の表現なのだろうか。

6　近代社会への移行と人種

以上に啓蒙期の人種をめぐる思想状況を概観してきたが、当時が大きな時代の転換点であったことを忘れてはなるまい。啓蒙期には、個々人の法の前の平等が唱えられるようになり、平等は近代社会の一つのキーワードとなった。同時に封建制から資本主義へと、社会のシステムも大きく変貌していく。それは身分に規定されない平等な個人の自由な活動を支える仕組みとなるが、他方で新たな格差、いうなれば不平等が生み出されたのも事実である。平等は大きな留保つきだった。

先にも引いたバウムは、人種分類・人種概念が提示されてきたのが、そうした時代と並行していたことを重視する。たとえば人民主権を説き権力分立の基礎を唱えたジョン・ロック（一六三二―一七〇四）の『統治二論』の刊行は一六九〇年。ベルニエの論文は一六八四年である。続く一八世紀には啓蒙思想家《フィロゾーフ》と呼ばれる論者たちの書物が次々と刊行されるが、世紀の末には人間の平等や自由を掲げた「アメリカ独立宣言」（一七七六年）、フランスの「人権宣言」（一七八九年）が続く。ブルーメンバッハがコーカサス人種という言葉を導入したのは、フランス革命勃発後の一七九五年である。個人の平等が説かれるようになったのと並行して、人間の分類が本格化したことが見て取れる。

繰り返しだが、分類は集団の間の相違や差異を言語化して指し示すものであり、当事者の意図の有無にかかわらず、序列化をはらむ。それなら、人種の相違があるから、人間社会の格差は生まれたのだろうか。そうではあるまい。『人種の意味』を著したキーナン・マーリックは次のように述べている。「「人種」が不平等を昂じさせているのではなく、不平等が「人種」（概念）の昂揚を生んでいる。近代社会の性質として、異なる集団の間の不平等が顕著になったが、そうした不平等は人種という言葉を使って認識されている」。

この時代の格差はもちろん国内にもあったが、世界規模でみるならば、やはり人種分類で下位に位置づけられた黒人の奴隷貿易・奴隷制は、集団間の不平等を代表する事例だろう。近代社会の理念としての自由や平等を手にすることができたのは、限られた人たちであり、そうして手にした自由や平等は、必ずしも不平等を解消する方向には向かわずに、むしろその時点で生じていた格差を容認し利用する方向に歴史は展開した。

今日では、ロックなど啓蒙思想家たちのなかに、奴隷制を擁護し奴隷貿易への投資で財を得た人びとがいたことも明らかにされている。『寛容論』の著者ヴォルテール(一六九四—一七七八)は、黒人に対する過酷な扱いを批判していた面におもに注目されるが、実は奴隷制そのものを問題視してはいない。近代の理念を生み出した側は、それを他者にも適用しようとはしなかったのである。そうであれば、次に思想家たちの黒人観に目を向けるのが妥当だろう。

第2節　思想家たちと奴隷／奴隷制

1　人種の単元論と多元論

啓蒙思想家たちの考えをみるにあたり、人類の起源が一つか複数かという論点に触れておこう。一般に「単元論(単一起源論)」、「多元論(複数起源論)」と称されるもので、人間はさまざまに分類されるようになったが、もとは同じであるものの後天的に種々の要因で枝分かれしたのか、あるいはもとから異なっていたのかという議論である。啓蒙期の思想家もいずれの立場だったのか、しばしば言及される。

まず単元論だが、基本的にこの考えは聖書から導かれていた。神が最初に創造したのはアダム一人であり、すべての人の祖先はアダムに帰結するからである。しかし聖書に拠らず、「科学的」な考察から、すなわち「交配」の可能性から単元論に立つ者もいた。前節で引いたビュフォンもそうである。ビュフォンは白人を人間の原型としたが、逆にイギリスの医師ジェイムズ・C・プリチャード(一七八六―一八四八)は、人間に「改良可能性」を認め、もともと人間の肌は黒かった、つまりアダムとイブの肌は黒かったが、文明の進展によって白くなっていったとする説を唱えている(パスカル・ラボー＝フエラン『起源のアーカイヴ』)。単元論を唱える者の考えが画一的でなかったことは、確認されるだろう。

もう一方の多元論は、たとえばヴォルテールにうかがえる。主著の一つ『諸国民の風俗と精神について』(一七五六年)の冒頭で、「白人、黒人、アルビノ、ホッテントット、ラップ人、中国人、アメリカ人が、全く異なる人種」であることは火を見るより明らかだと記している。ライオンと羊が異なるように、人間の間にも異なる種があるというのである。後の章では、変えようのない本質的な相違ゆえに、黒人は他者の奴隷であるとも言明している。

「寛容」を説いた啓蒙を代表する著者の書き物にこうした表現をみるのは、なかなかに衝撃である。ヴォルテールのいう寛容は、カトリックに統一されていたフランス国内のプロテスタントに対するものだった。実際、一八世紀後半の政治において掲げられた宗教的他者に対する寛容も、同じキリスト教の宗派の異なる者に対しての寛容だった。ヴォルテールのこの書には、反ユダヤ主義の文言も記されている。寛容の適用範囲は、まだ限られていた。

つけ加えるなら、これまで日本でのヴォルテール研究においても、奴隷制を批判する側面がおもに強調されてきた。それを否定するつもりはないが、奴隷制という制度を批判してその犠牲者たる黒人を憐れむことと、奴隷とされる人びとを自らと同じ人間とみなすこととは、別次元の話である。このあたりがこの時代の思想を検証する際の、一つの鍵になるのではないか。

スコットランド出身の経験論哲学者デイヴィッド・ヒューム（一七一一―一七七六）も多元論とされる。彼によれば、黒人をはじめ四から五あるとされる人間のすべての種は、当然にして白人より劣る、なぜなら白人以外に文明化された人びとはいなかったし、創意工夫もなければ芸術も科学もないからである。これほどの差があるということは、根本的な相違が自然によって作られたからだというのがヒュームの立場である。ヒュームのこうした側面を明らかにしたリチャード・ポプキンは、その多元論的思考を指摘している（『ピュロニズムへの王道』）。

ここでドイツの哲学者、イマヌエル・カント（一七二四―一八〇四）を引いておきたい。カントの名前を記すと驚かれるかもしれない。カントは哲学者としてあまりに有名で、人種に関連して語られるのを目にすることはあまりない。しかしカントは「人種」という言葉を使った探究を長年にわたって続け、遺伝や混血、また相貌の相違など、その後の人種論で語られるテーマの多くについて論じている。近年の人種論では大いに注目される一人である。

カントによれば人間は一つで、人種はそのなかのさまざまな種をさしている。カントの示す分類は四つ。「さまざまな人種」（一七七五年）を経て「人間の概念の規定」（一七八五年）では、白人、黄色インド人、黒人、赤銅色のアメリカ人としている。白人の居住地域はヨーロッパにとどまらず、東はオビ川、小ブハラ地方（つまり中央アジア・ウズベキスタン近辺）、ペルシャ、アラビア、また北アフリカも含まれる。カントはコーカサスという地名に言及はしていないが、この白人の範囲はブルーメンバッハを思わせよう。晩年の著作『自然地理学』（一八〇二年）では、金髪で容姿端麗で碧眼という白人の容姿が、南下するにつれて「退化」すると記されている。

ところでカントは上記のように単元論に立つのだが、その筆遣いに多元論を思わせるものがあるという指摘もある（バウム『コーカサス人種の盛衰』）。実際カントの書き物には、そうした傾向が読み取れないではない。早い時期にしたためた「美と崇高の感情にかんする観察」（一七六四年）ではヒュームを引いて、黒人が芸術であれ学問であれ才能を示した例は一つもないことに加え、白人と黒人の差異が本質的であることなどを記している。人間には「いくつかの相異なる根幹」があることは何度も繰り返されるし、人種間の差異の原因は単に気候にあるのではなく人種そのもののうちにある、つまり「根幹のうちに据えられた根源的な素質以外には考えられない」（強調は原文）といった考察もある（「哲学における目的論的原理の使用について」一七八八年）。

話を先取りすれば、多元論はその後、一八世紀末から奴隷貿易廃止運動、さらには奴隷制廃止運動（アボリショニズム）が高まり廃止が現実のものとして迫ってくると、とくにアメリカで制度の維持を唱える陣営において、強固な支持を得るようになる。そもそも異なる種なのだから優劣の差は埋められないのであり、黒人の奴隷化は自然の摂理だとの理屈である。単元論か多元論かだけが、奴隷制の賛否の指標だったわけではないが、少なくとも後に多元論は奴隷制支持派の大きな根拠となるのである。

カント自身は奴隷制を容認していなかったとされるが、ポプキンは、多元論に立つヒュームの考えがカントなど同時代の思想家にも影響し、一九世紀に本格化する欧米の反奴隷制運動は、権威ある思想家ヒュームの主張と闘うことを強いられたと指摘している。

実は、単元論(monogenism)や多元論(polygenism)という言葉の初出は、英語でもフランス語でも一八六〇—一八七〇年代のことである(OED、プチ・ロベール)。啓蒙期の思想家がいずれの考えであるかはおよそ諒解されるのだが、辞書の記載に則るならば、単元論・多元論をめぐる議論が実際に熱を帯びるのは、奴隷制の存廃問題に焦点が当たる一九世紀半ば前後からであり、それがこうした新語の誕生にいたったことになる。後に触れるチャールズ・ダーウィンが一八七一年の『人間の由来』で、「近年、単元論と多元論の二つの学派に分かれた人類学者たち」が大いに議論していると述べているのは、そうした状況を表現していよう。

この議論については、とりわけ一九世紀の多元論は、神の天地創造の物語にとらわれない、その意味で「科学的」志向をもつものだった点も記しておこう。いずれにしても、こうした人間の起源をめぐる議論は啓蒙期の人種分類とともに活発化し、それは奴隷制の問題をはらみながら、時代とともに盛んになっていったことになる。

2 モンテスキューと黒人奴隷制――『法の精神』をめぐって

そこで啓蒙期の思想家に話を戻そう。思想家のなかで最も熱い議論が交わされてきたのは、おそらくモンテスキュー（一六八九―一七五五）である。モンテスキューという啓蒙思想の大家で知の巨人は、奴隷制を批判していたというのが定説だが、それを象徴するのが主著『法の精神』（一七四八年）の第一五編第五章「黒人奴隷制について」だとされる。ただしこの章の解釈をめぐっては、今日でも結論に達しているようにはみえない。何が問題なのだろうか。まずは内容をみておこう。

日本語では文庫本二ページ程度の短いもので、「もし、私が、黒人を奴隷とすることについてわれわれがもっていた権利を擁護しなければならないとしたら、私は次のように述べることになるであろう」と始まって、以下にその理由が記されている。いわく、ヨーロッパはアメリカ世界の諸民族を絶滅させたので、アフリカ人を奴隷にしている。実際、彼らがいなければ砂糖はきわめて高いものとなろう。奴隷たちの相貌はと言えば、上から下まで真っ黒で鼻もつぶれている。人間性の本質は色にあるのであり、神がこれほど黒い人びとに善良なる魂を宿らせ

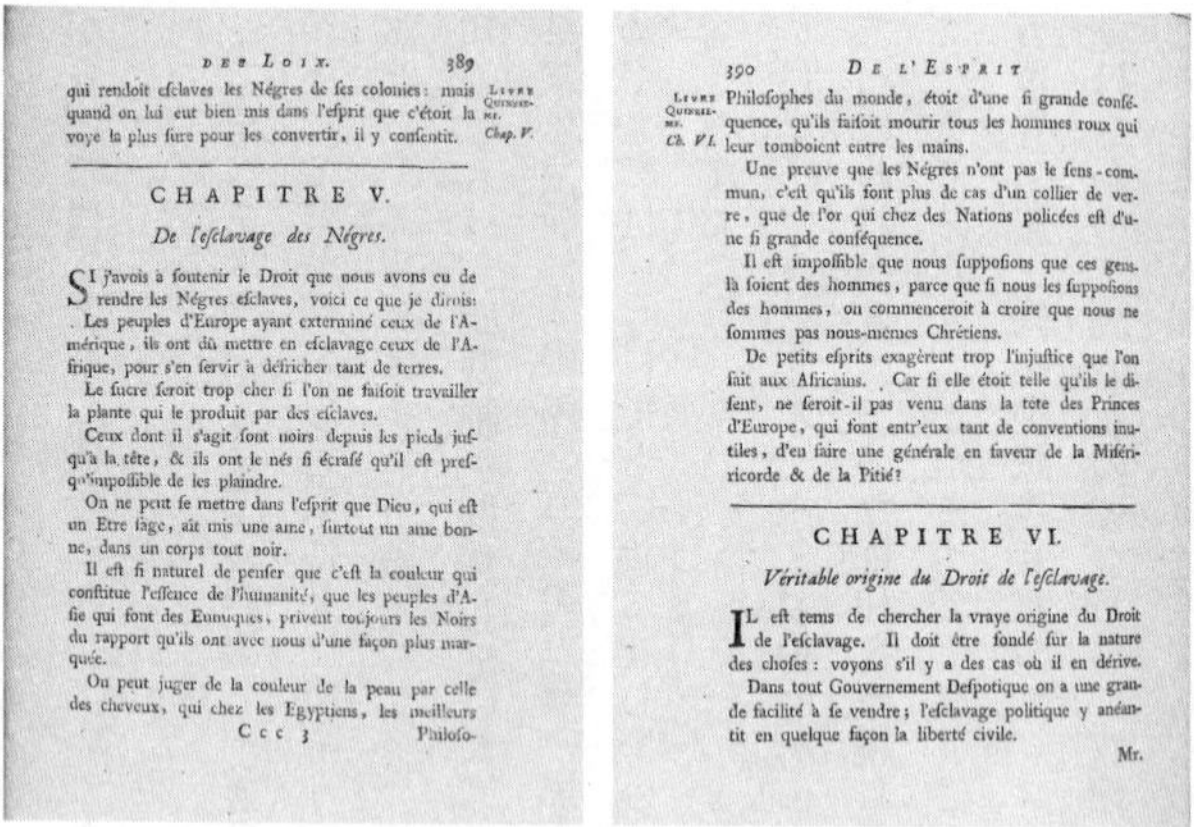
des Loix. 389

qui rendoit eſclaves les Négres de ſes colonies: mais quand on lui eut bien mis dans l'eſprit que c'étoit la voye la plus ſure pour les convertir, il y conſentit. Livre Quinzieme. Chap. V.

CHAPITRE V.

De l'eſclavage des Négres.

SI j'avois à ſoutenir le Droit que nous avons eu de rendre les Négres eſclaves, voici ce que je dirois:

Les peuples d'Europe ayant exterminé ceux de l'Amérique, ils ont dû mettre en eſclavage ceux de l'Afrique, pour s'en ſervir à défricher tant de terres.

Le ſucre ſeroit trop cher ſi l'on ne faiſoit travailler la plante qui le produit par des eſclaves.

Ceux dont il s'agit ſont noirs depuis les pieds juſqu'à la tête, & ils ont le nés ſi écraſé qu'il eſt preſqu'impoſſible de les plaindre.

On ne peut ſe mettre dans l'eſprit que Dieu, qui eſt un Etre ſage, ait mis une ame, ſurtout un ame bonne, dans un corps tout noir.

Il eſt ſi naturel de penſer que c'eſt la couleur qui conſtitue l'eſſence de l'humanité, que les peuples d'Aſie qui ſont des Eunuques, privent toujours les Noirs du rapport qu'ils ont avec nous d'une façon plus marquée.

On peut juger de la couleur de la peau par celle des cheveux, qui chez les Egyptiens, les meilleurs

Ccc 3 Philoſo-

390 De l'Esprit

Livre Quinzieme. Ch. VI. Philoſophes du monde, étoit d'une ſi grande conſéquence, qu'ils faiſoit mourir tous les hommes roux qui leur tomboient entre les mains.

Une preuve que les Négres n'ont pas le ſens-commun, c'eſt qu'ils font plus de cas d'un collier de verre, que de l'or qui chez des Nations policées eſt d'une ſi grande conſéquence.

Il eſt impoſſible que nous ſuppoſions que ces gens-là ſoient des hommes, parce que ſi nous les ſuppoſions des hommes, on commenceroit à croire que nous ne ſommes pas nous-mêmes Chrétiens.

De petits eſprits exagèrent trop l'injuſtice que l'on fait aux Africains. Car ſi elle étoit telle qu'ils le diſent, ne ſeroit-il pas venu dans la tete des Princes d'Europe, qui font entr'eux tant de conventions inutiles, d'en faire une générale en faveur de la Miſéricorde & de la Pitié?

CHAPITRE VI.

Véritable origine du Droit de l'eſclavage.

IL eſt tems de chercher la vraye origine du Droit de l'eſclavage. Il doit être fondé ſur la nature des choſes: voyons s'il y a des cas où il en dérive.

Dans tout Gouvernement Deſpotique on a une grande facilité à ſe vendre; l'eſclavage politique y anéantit en quelque façon la liberté civile.

Mr.

2-3 『法の精神』初版(1748年)第15編第5章

たはずがない。しかも彼らには常識がない。黄金よりもガラスの首飾りを珍重することにそれは表れている(ヨーロッパ人は奴隷貿易用の商品としてガラス玉をもち込み、アフリカ人に好まれたとされる)。

さらにモンテスキューは、次のようにも書いている。すなわち、こうした人びとが人間だと想定するなどは不可能である。彼らが人間だというならば、私たちはキリスト教徒ではないというようなことになる、と。

さて、一読して、この文章の奴隷制に対する賛否を判読できるだろうか。冒頭で断りのあるように、ここに書き連ねられているのは奴隷制を認める側の主張である。モンテスキューが奴隷制を批判していたという前提の知識がなければ、逆の解釈も可能だろう。これが批判だというのは、擁護するとすれば、という仮定の話だからである。露骨なことが書かれているのも、モンテスキュー一流の「皮肉」だというのが定説である。日本語訳のテキスト(底本はガリマール社、一九五一年版)の原注には、この章の原文は仮定法で書かれていて、モンテスキュー自身の意見ではないとの解説がある。

とはいえ、日本での受け止め方は割れている。多くの研究者が皮肉だという従来の説を踏襲する一方、奴隷制の擁護だと受け取る傾向もある。それはやむをえないことだろう。地元フランスでも今日なお議論が続いているのだから。なかには「モンテスキューはみなが思っていて口にしないことを、大きな声で言ってしまった」と記す著名な歴史家もいる(ピエール・プリュション『一八世紀の黒人とユダヤ人』)。それでもフランスでの大勢は、皮肉を読み取る立場である。そうした論争の経緯を認識しないままに論じる日本人研究者も、皆無ではないようだ。

3　続く論争——モンテスキューの真意は？

二一世紀に入ってからもフランスでの論争は続いている。その一例として、オディール・トブネール『フランスの人種主義——四世紀の黒人嫌い《ネグロフォビー》』(二〇〇七年)をあげておこう。この書は副題の通り、近世以降四世紀にわたるフランスの著名人の言説を取り上げて、そこに「黒人嫌い」の系譜を読み解くものである。表紙に載せられた人物の肖像のなかにはルイ一四世やボシュエ、あるいはシャルル・ドゴールなどとともに、モンテスキューも並んでいる。

トブネールはモンテスキューのこの章が、当時は字義通りに受け取られた、つまり奴隷制を擁護するものと受け取られたとする。そうしたなかでこの文章を「皮肉」だと評したのは、革命家として名高いニコラ・ド・コンドルセ(一七四三―一七九四)だった。コンドルセは奴隷制を批判し、フランス革命の前年に創設された反奴隷制の団体である「黒人友の会」の中心メンバーでもあった。

トブネールによれば、「皮肉」という解釈が出された直接の契機はイギリス議会での議論である。議会では、カリブ海のイギリス領ジャマイカにおける混血の処遇が話題になっていたのだが、その過程で黒人は黒人なのであって、白人とは人種が違うとの主張がされていた。その根拠として参照されたのが、モンテスキューの『法の精神』だった。コンドルセからすれば、このような成り行きは容認できない。そこで同書の「黒人奴隷制について」の記述は、モンテスキューが「容赦ない皮肉」を込めたものだとの解釈を示し、これは奴隷制批判の立場に立つものだと主張したというのである(トブネールはコンドルセ『黒人奴隷制についての考察とその他の奴隷制廃止論』を参照している)。

ただしこの解釈が、そのまま後の時代に継承されたわけではない。モンテスキューの「皮肉」という解釈が定説となったきっかけは、一九五五年にアンドレ・ラガルドとロラン・ミシャール共編『一八世紀』にその旨が記されてからだとトブネールは言う(初版は一九五三年)。この書物は、中世から二〇世紀までのフランス文学や思想の作品を全六巻にわたって記述したなかの一冊で、中等教育の教科書として長いこと使われた。『法の精神』そのものは、確かに専門家以外はあまり手にしないだろうから、ラガルドらの解説が皮肉説が広まるのに一役買ったことはありえるだろう。

ラガルドらによれば、件の章に記される議論は滑稽でばかげていて醜悪だから、奴隷制支持などは信用をなくす。悲惨さを訴える直接的批判よりも、こうした間接的表現の方が効果が高いとしている。

こうした解釈史を示して皮肉説を否定するトブネールに対して痛烈な批判を浴びせたのが、批評家のルネ・ポミエ『モンテスキュー擁護――「黒人奴隷制」の章のばかげた読解について』(二〇一四年)である。ポミエはモンテスキューの件の章を一文ずつ吟味してその主張をかみ砕き、トブネールを言葉をきわめてこきおろす。たとえばポミエはモンテスキューの一節を取り上げて、まずはトブネール流の読解を提示する。それによれば、「私たちはキリスト教徒であり、キリスト教徒はすべての人を兄弟として扱うのだが、黒人のことは兄弟として扱っていない。ゆえに黒人は人間ではない」。つまり黒人は人間ではないのだから、奴隷にしてよいという結論が導かれる。

ここにモンテスキュー流の皮肉を読み込むと、どうなるか。「黒人は人間であり、キリスト教徒はすべての人を兄弟として扱う。ところが奴隷制支持者は黒人を兄弟として扱っていない。ゆえに奴隷制支持者はキリスト教徒としてふるまっていない」。これがポミエが正しいと主張する読解である。

さらに鍵は、最後の一文だという。件の章は、もし本当に不正義がなされているなら、無意味な協定をたくさん結んでいるヨーロッパの君主たちが、憐憫から総括的な協定をしようとは思わないのだろうか、と結ばれている。さまざまな解釈の可能性を提示した後、ポミエの結論は、モンテスキューはここで皮肉の仮面を脱ぎ捨てて、いったいいつになったら君主たちは奴隷制を廃止するのかという、差し迫った問いを投げかけているというのである。

実は一八七七年のガルニエ版『法の精神』の編者注には、一八一五年からヨーロッパの君主たちがそうした協定に乗り出し、スペインを除けばキリスト教徒の国では奴隷制は廃止されたとある(一八一五年のウィーン会議の折に奴隷貿易廃止が合意されている)。一八七七年の時点でスペイン以外の国々が廃止していたか否かはおくが、確かにこの最後の一文は、無理に皮肉を読み込まなくとも、素直に反語表現と受け取ることも可能である。それではこの一文が、モンテスキューの思想を決定的に表しているのだろうか。

4　モンテスキューの黒人観

トブネールは研究者ではなく市民運動の活動家で、そのような立場の論者の書き物は信憑性が薄いと軽んじられる傾向は否めない。それでも、専門家の間でも同じく読み直しが進んでいる。ここでは二一世紀に入って刊行されたなかから、哲学者ロラン・エステーヴの『モンテスキュー、ルソー、ディドロ』と文学者ジャン・エラールの『啓蒙と奴隷制』を参照しつつ、考察を続けよう。

モンテスキューが奴隷制を批判していたこと自体は、『法の精神』のさまざまな箇所に読み取れる。たとえば件の章が収められた第一五編でも、奴隷制は公民法にも自然法にも反している(第二章)とはっきり書かれている。しかし、第二一七章は奴隷制に関する「権利の起源」が叙述される箇所である。エステーヴはそうしたなかに「黒人奴隷制」に関する先の第五章が位置づけられていることに、注意を促している。

これらの章では、奴隷制の権利を否定するようにみえて、ある条件の下では認められるかのような記述がある。たとえば第七章では、すべての人は平等に生まれているので、奴隷制は自然に反していると断言しつつ、その直後に、ある国々においてはそれは自然的理由に基づくものだとの断り書きがある。

それに続いては、「自然的隷従は地上の一定の特殊な国々に限定しなければならない」とするが、そういうからには奴隷制が容認される地があるということだろう。では誰が奴隷になるのか。自由な人間が労働しないような風土はないのだし、労働が理性によって規制されるなら、人間の力に見合わないような過酷な労働はないはずである。つまり奴隷になるのは怠惰な人びとであり、怠惰な人間が現れるのは法がうまく作られていなかったからである(第八章)。

これは奴隷植民地のことを語っているようにもみえるが、適切な法がないことが理由としてあげられているだけで、実際にはどこかはわからない。奴隷や奴隷制という言葉が無限定に使われることで、当時のフランスはじめヨーロッパが直面していた植民地の黒人奴隷制から、視線がそれているという感をもたされる。つまり、他の奴隷制、あるいは奴隷制なるもの一般を話題にすることで、植民地の奴隷制の現実が消える結果を生んでいるようにみえる。これが記される第八章は、「われわれの間では奴隷制は無用であること」というタイトルだが、「われわれ」の示すのがヨーロッパなのか、植民地を含めたわれわれなのか、これも曖昧である。

さらに読み進めれば、第二一編第三章では、南の人民の欲求は北の人民の欲求と異なっていることが述べられる。いわく、南の者は自然から多くを与えられたため、大した欲求もないので怠惰になる。自由なしにすますこともできる。対して北の者は自然からわずかしか与えられていないので勤勉で活動的である上、より多くの手段を得るために自由が必要である。要するに南の人民が奴隷状態に陥ったのは、彼らの性質によるというのである。これは怠惰な人間が奴隷になるという、先の記述に呼応するところでもある。

北と南の対比は、気候の相違に基づくものだろう。『法の精神』は、人間生活のさまざまな側面が気候や風土によって決定されるとの立場である。第一五編のタイトルも「私有奴隷制の法律はいかに風土の性質と関係しているか」で、多くの章が風土(climat)をキーワードに含んでいる。人は環境から逃れられないのだろうか。南の人間が奴隷になるというのであれば、植民地の奴隷制を容認しているとも解釈できる。この種の記述は『法の精神』の少なくない箇所に看取される。奴隷制の廃止に関しては、奴隷を一気に解放することの危険性が述べられる程度で(第一五編第一八章)、積極的な奴隷制廃止の提言がないこともエラールは指摘している。

仮にモンテスキューが奴隷制は廃止されるべきだと考えていたとして、気になるのは以上の引用にもみられる黒人観である。黒人奴隷制に反対であることと、黒人蔑視がないことは、同じではない。エステーヴはモンテスキューの他の書き物(『思想の断章』)も参照し、黒人があまりに自然に怠惰であるといった記述を引用している。

ただしフランスの状況をみるに、皮肉説に立つ解釈は当面消えそうもない。つい最近も若い研究者が、モンテスキューの皮肉を学生と一緒に読み解いたと、モンテスキューへの称賛を交えて筆者に話してくれた。リベラルな立場の研究者である。

日本では一九四七年、日本史家の石母田正《いしもだしょう》がすでに『法の精神』を俎上に載せて、ヨーロッパの外部における奴隷制は理性に反しないという主張をそこに読み取っている。奴隷制に対するモンテスキューの立場には、矛盾と分裂があるとみる。そして植民地労働における黒人の奴隷化を必要としたのは、モンテスキューではなく、欧州の資本だったと指摘している。当時の資本の構造が、モンテスキューの精神構造をも規定しているというのである（「モンテスキューにおける奴隷制度の理論」）。こうした読解をフランス人研究者が目にしたら、どのような反論があるだろうか。

5 ルソー ――「善き未開人」の系譜

以上に述べてきた思想家たちとは別に、ヨーロッパには「善き未開人（高貴なる野蛮人）」を語る思想の系譜がある。コロンブス以前には未知だったアメリカなどの異世界の情報が広まると、自然のままに生活するその地の人びとを理想化し、それとの対比で同時代のヨーロッパ社会のあり方を批判する立場である。一六世紀のミシェル・ド・モンテーニュ（一五三三―一五九二）はその嚆矢と目される。

それに連なる思想家は他者を見下すまなざしと一線を画していると、これまでは評価されてきた。啓蒙期ではルソーやディドロ、あるいはヴォルテールなどの名前があげられる。ヴォルテールにはすでに触れたので、ここでは近年読み直しの進んでいるルソーとディドロを取り上げよう。

従来、人種主義の関連で言及されることのなかったジャン＝ジャック・ルソー(一七一二―一七七八)については、エステーヴの指導教授だったルイ・サラ＝モランが、早くから黒人奴隷制に関するルソーの「沈黙」を指摘している。たとえばルソーは『社会契約論』(一七六二年)第一篇第四章「奴隷状態について」ではグロチウスを引きながら、いかなる経緯であれ人を奴隷にする権利などというものは誰にもないと力説する。奴隷制の全面否定である。ある人間が自分の身をただで与えるなどとは想像もつかないほどばかげたことで、まして自分の子どもまで譲り渡すなどはありえない。子どもたちは人間として自由に生まれるからだという(『黒人法典あるいはカナンの受難』)。

しかし現実には、黒人はルソーと同時代に強制的に奴隷の身となり、フランス領については一六八五年の黒人法典以来、奴隷の子は生まれながらに奴隷とされていた。ルソーが奴隷制を論じるときに、アフリカやアメリカ植民地の状況が念頭にあるとは思えない。

章末でルソーは、奴隷化と権利という言葉は矛盾するとして「非常識な物言い」の例を載せている。「私はお前と取り決めを結ぼう。すべての負担はお前が負い、すべての利益は私が得るというものだ。私は好きな間だけそれを守り、お前も私が好きな間だけ守るのだ」。適切な比喩とはいえようが、サラ＝モランは、ここでルソーが言う「お前」に黒人は入ってすらいないと怒りを隠さない。要するにルソーにとって、奴隷となっている黒人は考察の対象ですらなかったようなのだ。

サラ＝モランは、モンテスキューの筆は不快だが、ルソーのそれは苛立たしいと形容する。モンテスキューは奴隷貿易で栄えたフランス南西部ボルドー近郊の出身だが、ルソーはスイスのジュネーヴだった。モンテスキューについて補足するなら、彼は奴隷貿易に深くかかわったフランス・インド会社の株に投資もしていた。両者の視野の相違は、そうした「環境」にもあるだろうか。

『人間不平等起源論』（一七五五年）に目を移すと、黒人や「未開人」などに言及がある。ルソーは、多くの未開民族の状態はすなわち動物の状態であり、人間と人間の間の相違の方が、人間と動物の間の相違より大きいという学者の説も引用している。そしてその差は、自然が命令することに抵抗する自由をもつか否かにある、そうした自由をもつのが人間であり、この自由の意識において人間の魂の霊性が現れるというのがルソーの見解である。

ルソーにおいては、そうした未開民族が理想化して語られている、と考えられてきたはずだった。しかしここでもやはり、ルソーの思考に現実の黒人奴隷が含まれていたようには思われない。

6　ディドロ――反植民地主義？

ではディドロはどうか。ドゥニ・ディドロ(一七一三―一七八四)は、反植民地主義との評が定着している思想家である。二〇世紀の厳しい植民地主義批判の歴史家イヴ・ブノも、ディドロの反植民地主義を論じている(『ディドロ、無神論から反植民地主義へ』)。

しかし先に引いたエステーヴは、ディドロがダランベールと編纂した『百科全書』の多くの項目を自在に参照、引用しながら、その人種観を問い直している。『百科全書』には、「黒人奴隷貿易」の項目などで奴隷貿易や奴隷制に批判的な記述があるのはよく知られている。だがエステーヴは「奴隷」の他、「黒人」「植民地」等々の関連する項目を読み解くことで、『百科全書』に黒人=奴隷という等式が含まれることを浮き彫りにする。黒人のなかには隷従に適した者もいるという。のみならず、「専制」や「自然法」、さらには「鼻」といった多様な項目も参照している。「鼻」では黒人の相貌のステレオタイプが浮き彫りにされる。エステーヴはそれら異なる執筆者の項目を通して、編者ディドロの人種観を問うているのである。

さらにエステーヴは、ギヨーム=トマ・レナル神父(一七一三―一七九六)による著名な『二つのインドにおけるヨーロッパ人の植民と貿易の哲学的・政治的歴史』(初版一七七〇年)を俎上に載せる。「二つのインド」とは、当時の呼称で西インド(カリブ海)と東インド(いわゆるインドを中心としたアジアから東アフリカの領域)のことで、いずれもヨーロッパ諸国が植民地化を推進した領域である。通常『両インド史』と略称されるこの浩瀚《こうかん》な書には、レナルの他に複数の書き手がおり、なかでもディドロが最大の貢献者だった。ディドロの執筆箇所はかなり明らかにされており、思想の読解にはそうした部分も視野に入れられている。以下、エステーヴに拠りながら一瞥しよう。

ディドロは、ヨーロッパ人に新世界の植民地化の権利があるかという問いに対し、原則として、理性と公正さによらない植民地化は許されないと断言する。しかしその土地のある部分が誰かに占有されている場合、人の住んでいない部分は自分のものであり、労働によってそれを占有できるとする。しかも境界まで自分の領域を広げられる。自分たちが平和な隣人である限りという限定はつくが、誰もいなければそれは合法的な所有なのだ（第八篇第一章）。この議論は、ロックの『統治二論』で述べられる「所有権」に関する主張と同じである。果たしてディドロは時代の思考を超えているだろうか。先に引いたブノは、本章の冒頭部分を強調してディドロの反植民地主義を論じるのだが、エステーヴはブノに同意していない。

ロシアを題材に論じた箇所でも、未開人は自由というものがわからないとし、そうした奴隷の民に対して「自由になれとは言わない。しかし私は彼らの目に、自由がいかによいものかを示してやろう。そうすれば未開人は自由を欲するようになろう」と述べる（第五篇第二三章）。自由が自然なものであれば、それを欲するのに第三者が介在する必要はあるまい。またアフリカ人に関しては、アフリカ人自身がアフリカ人を売っていることを指摘する（第一一篇第一章）。

このこと自体は事実だが、これは現在でも、ヨーロッパによる大西洋奴隷貿易や奴隷制の重みを相対化しようとする立場の者が強調する点でもある。

エステーヴの議論は多岐にわたるが、巧みな解釈で植民地支配なり他者の奴隷化の現状なりを容認するようなディドロの筆致は、気候からそれらを論じたモンテスキューよりも容赦ないものだというのが、エステーヴの一つの結論である。先に引いたサラ＝モランも、モンテスキューとルソーを比較していたが、思想家たちの再読を手掛ける論者たちにとって、モンテスキューは一つの参照軸になっている。

『両インド史』は当時の植民地をめぐる歴史的分析であり、植民地を舞台とする商業活動をよしとする、いわば近代的精神に則っている。それは、必然的な矛盾にいたる。『百科全書』の記事では、奴隷制を批判する一方で、植民地の領有は肯定している。植民地は富の源泉だからだ。しかし植民地の維持には奴隷制が不可欠である。この矛盾はそのままフランス革命期の革命家たちが直面するものでもある。

『ブーガンヴィル航海記補遺』（一七七二年）のような書物に顕著なように、ディドロのヨーロッパ文明批判の視線はエステーヴも認めている。しかし、結果として暗黙の裡に植民地支配を正当化する根拠が、黒人そのものに内在するというエステーヴの読みは、ディドロが時代の趨勢に反した主張をしたのでもないことを物語っている。

7 時代を問い返すこと

本章ではわずかな思想家を取り上げたにとどまるが、述べてきたように、近年の読み直しはルソーやディドロなど、従来はその「人種観」がほぼ問題視されてこなかった思想家にまで及んでいる。思想家たちの主要な関心が奴隷制だったわけでないとはいえ、たとえばアメリカ世界に奴隷プランテーションをもったイギリスやフランスの場合、貿易額のおよそ二割から三割は植民地貿易が占めた(エリック・ウィリアムズ『コロンブスからカストロまで』)。それを支えたのはもちろん黒人奴隷制である。人間の普遍的権利を考える際にも、黒人奴隷という存在は無視しがたかっただろう。だからこそ多くの思想家が、濃淡はあるものの、黒人や奴隷に言及しているともいえる。

人種主義の総体を黒人奴隷の問題に収斂させるのは短絡であろうが、これが歴史的にもつ大きさもまた、否定できまい。これだけの読み直しが行われているということは、その重要性が認識されてきていることを示してもいる。その読み直しは、これらの思想が長いこと無批判に各地で受容されていた現実についても、再考を迫るだろう。

彼らの差別的なまなざしを糾弾しても、さして意味はない。今日であれば彼らも別の考えをもっただろうと想定するのも同様である。問題は個々人にあるのではない。そのような思想が生まれた時代を問うという、総合的な知の営みが今日では要請されている。

ことは思想家に限らない。二〇二一年は、ナポレオンの没後二〇〇周年に当たっていた。言うまでもなくナポレオンは、フランス史最大の英雄の一人である。従来から、戦争で多くの死者を出したことや、独裁政治を打ち立てたことに批判はあったものの、戦争を率いて革命を守り、その成果を盛り込んだ民法典を制定するなど、ナポレオンの功績は否定すべくもない。

その一方で、フランス革命期に一度廃止された奴隷制を一八〇二年に復活させた。しかも民法典は、女性を無権利状態とした。男女の役割に相違があることを法で明確化したといえる。それらはナポレオンの負の側面として、今日では彼の評価にも影響している。

しかしナポレオン個人が人種主義的だった、あるいは男尊女卑だったと結論することにも、さして意味はないだろう。近代の戸口において、プランテーション経営にはまだ奴隷労働は必要とされた。それがもう少し時間をかけて廃止されても、その後の自由意思に基づくとされた新たな契約労働は、奴隷と変わらぬ過酷な状況を生み出した。また資本主義の深化は、女性を私的領域に追いやり、男性労働力を主としたより効率的な労働を軸に進められていった。ナポレオン法典が、世界の多くの地で受容されたことも考慮すべきだろう。

前節の最後に、異なる集団の間の不平等が人種という言葉で認識されているという、マーリックの言葉を引用したが、その不平等は資本主義が強化していることに異論はあるまい。近年、

「人種資本主義」という言葉が注目を集めている。二〇一六年に逝去したセドリック・J・ロビンソンが『黒いマルクス主義』(一九八三年)で詳細に論じたものだが、もとは一九七〇年代の南アフリカでアパルトヘイトとの闘いのなかから生まれた概念である(貴堂嘉之「人種資本主義序説」)。最近、改めてこの言葉を取り上げた論者は次のように述べている。「人種に従属関係があることは、資本主義プロセスを特別に操作《オペレイト》した結果ではない。そうではなくて、資本主義がいかに作動《オペレイト》するか、そのまさに主軸にあるものである」(アンジェラ・P・ハリス「人種資本主義と法」)。さらに人種資本主義のジェンダー化も指摘されている(シャウナ・J・スウィニー「人種資本主義のジェンダー化と黒人の異端の伝統」)。以上は人種主義の歴史と現在、そして今後を考える上で、一つの重要な導きとなろう。

第3章

科学と大衆化の一九世紀
可視化される「優劣」

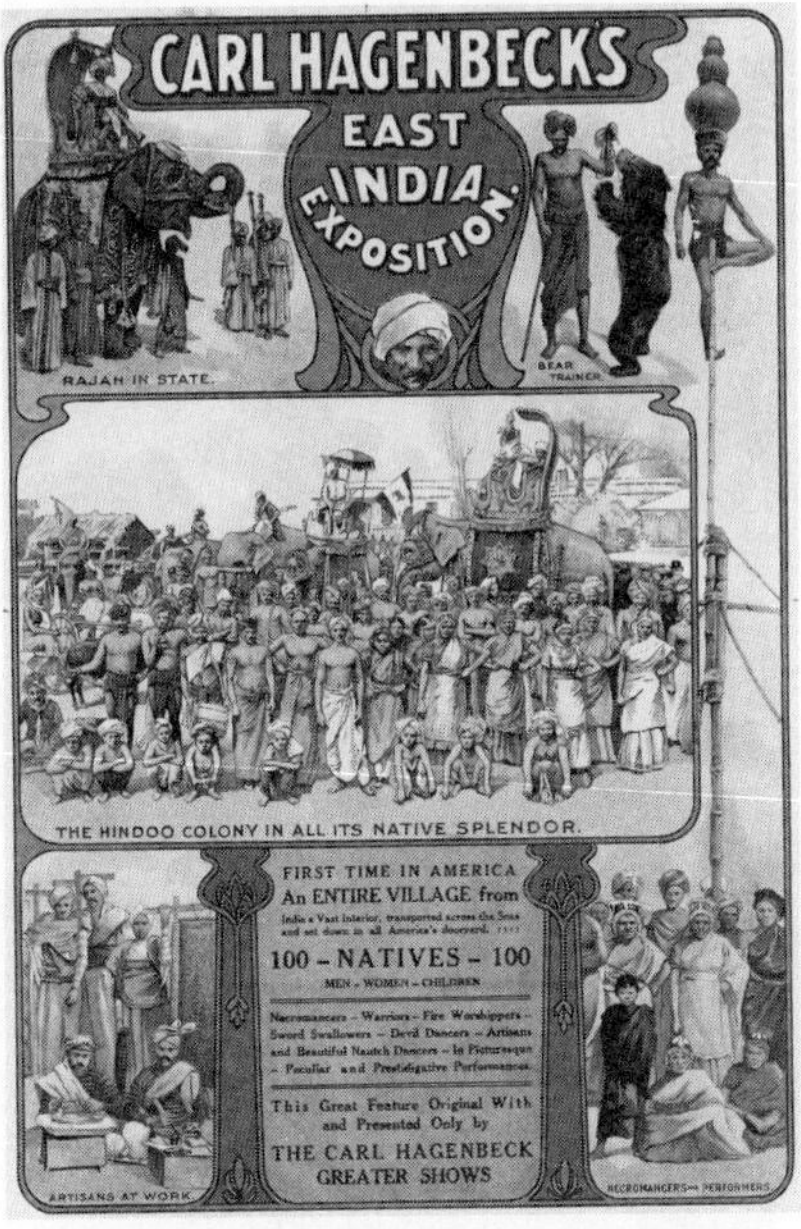

カール・ハーゲンベックのショーの宣伝ポスター(1906年頃)

第1節　人間の探究と言語学

1　キュヴィエの「三大人種」説

一九世紀は一般に「科学の時代」と言われている。学問分野も枝分かれし、社会学や歴史学、人類学など、今日につながる学問体系がしだいに形をとってくる。人種に関する理論書と呼ばれる複数の書物が刊行されたのも、一九世紀である。啓蒙期には思想家たちは、異なる人の住む地を自らは訪れることなく、手元に届く情報をもとに人間の分類を手掛けたが、一九世紀には、人間が異なることを学問として探究する試みが展開された。それに当たっては実際に異なる人を目にし、場合によっては直に接しもするようになる。

一方、世紀の半ばからは、大衆化の時代へと向かっていく。政治的には各地で「革命」や市民の運動が起こり、とりわけ西欧では民主的制度が徐々に整えられて、初等教育も各地で整備されるようになった。識字率の向上は一般大衆の社会へのかかわりを後押しした。また技術革新によって交通手段が発展し、ヨーロッパの外部との交流が広まると、異なる人びとの出入りも増え、彼らとの接触も生まれてくる。そうしたなかに人種主義にまつわる要素が入ってきたのは必然であろう。
科学は取り巻く時代と無関係に中立的に進展したわけではない。異なる人が身近になる時代に、人種をめぐる議論は時代を反映して科学の様相をまとうようになるのである。そのような状況を念頭に本章では、新たな人種分類や人種の理論書を概観し、次いで「人間展示」といういわば娯楽を通してみえてくる人種観を取り上げる。それにあたってホッテントットと呼ばれた人たちに注目することになる。

そこではじめに人種分類である。これまで本書では一八世紀のさまざまな分類を紹介してきたが、日本で最もなじみのあるのは白人、黄色人、黒人という三分類ではないだろうか。それを提唱したのがフランスのジョルジュ・キュヴィエ（一七六九―一八三二）である。キュヴィエは動物学や古生物学を専門とし、比較解剖学の先鞭をつけた博物学者で、ヨーロッパ中にその名を知られていた。比較解剖学への入門として書かれた大著『組成に基づく動物界の分類』（一八一七年）で示される三分類が、白人＝コーカサス、黄色人＝モンゴル、黒人＝エ

3-1　ジョルジュ・キュヴィエのデスマスク．優れた頭脳を解き明かすためとして，キュヴィエの脳もまた死後に解剖に付された

チオピアである。「三大人種」と称されるものは、キュヴィエに始まるのである。

コーカサスは美しい卵型の頭部に特徴づけられる上、最も文明化されているという。コーカサスやジョージアの人びとが地上で最も美しいという見立ては、こうしてキュヴィエにも引き継がれている。モンゴルは頰が飛び出て顔は平らなどといった外観で、中国や日本は帝国を作ったものの、文明の程度は限られる。黒人は黒い肌、縮れた毛などの身体的特徴に加え、明らかに猿に近く、野蛮な状態にとどまるとのことである。

こうした性格づけはさておき、お気づきのように、以上の名称はブルーメンバッハの用語と同じである。それでもキュヴィエがブルーメンバッハの五分類を踏襲せず三つに整理したのは、篤いキリスト教信仰のもち主であるキュヴィエが、第一章で触れた聖書のノアの物語に依拠したからだとされる(レオン・ポリアコフ『アーリア神話』)。つまりキュヴィエは単元論である。キュヴィエはそれぞれの種に多様性を認め、たとえばブルーメンバッハが独立した種としたアメリカおよびマレーの人びと、あるいはベルニエが最下層の四番目に位置づけたラップ人、さらにはエスキモー(イヌイット)は、コーカサスとモンゴルのいずれにも分類しかねると記している。

2 アーリア人、あるいはアーリア神話の誕生

キュヴィエをめぐって興味深いのは、この時代に新たに開拓される学問分野とのつながりがある点である。同時代に言語学の分野で大きな進展があったことを、まずは振り返っておこう。一八世紀末からヨーロッパでは古代インドのサンスクリット語の研究が進み、イギリスのインド研究者ウィリアム・ジョーンズ(一七四六―一七九四)が、サンスクリット語と古典ギリシャ語やラテン語が、共通の源から発している可能性を指摘した。

一九世紀に入るとドイツ・ロマン派の文人フリードリヒ・シュレーゲル(一七七二―一八二九)が一八〇八年に『インド人の言語と叡知について』を刊行し、語根のみならず言語の構造や文法から、サンスクリット語がギリシャ語やラテン語、さらにはゲルマン語やペルシャ語などの祖語だとの考えを提示した。後年、この見立ては修正されるが、シュレーゲルは「比較文法」という分野の開拓者として名を残す。多彩な分野に足跡を残したイギリスのトーマス・ヤング(一七七三―一八二九)がそれらの言語を「インド・ヨーロッパ語」と名づけたのは、一八一三年だった。

これらの研究者はキュヴィエの仕事から小さからぬ影響を受け、「言語古生物学」を標榜した。キュヴィエが手掛けた古生物学は、化石研究と比較解剖学を通して祖型の生物を復原しようとするものだが、インド・ヨーロッパ語の研究者たちも、古語の探究と比較言語学を通して祖型の言語を明らかにしようとしたからである(ジャン・オドリー「言語学からみたインド・ヨーロッパの伝統」)。

他方でキュヴィエはといえば、コーカサスに生まれた人類が放射状に広がっていったと考えていたが(単元論)、それは諸言語が一つの源から分化していくことの相似形だと記している。コーカサス人種に分類される人びとを羅列した箇所では、彼らの言語についても言及がある。インド・ヨーロッパ語という言葉こそ使っていないが、キュヴィエの書き物では言語学者らの研究が明らかに参照されている。新しい学問分野を担うと自負する者たちが、他分野の最新の研究状況からも刺激を受けていたのは大いにありうることである。

ただし人間の源流がどこなのかに関しては、言語学の研究からは異なる知見が導かれている。それは一八世紀のいわゆる「インド狂《マニー》」に由来する。

啓蒙期のヨーロッパでは、新しい世界の地平が広がるにつれて、聖書に沿った世界の始まりの物語に異議が唱えられるようになる。なかでもインドの存在は人びとの興味を引き、インドこそがすべての文明の源だと捉える立場も生まれた。聖書においては最初の人間だったアダムは、こうした「インド狂」のなかではバラモンの子孫と位置づけられたし、ヘブライ語が天国の言葉だという考えにも疑問符がつけられた。『アーリア神話』を著したレオン・ポリアコフは、それを「古代オリエントにヘブライ社会に対抗するような社会を見つけ出そうとする願望」だったと記している。

ジョーンズがヨーロッパの古典語とサンスクリット語の間に共通性を見出したのは、このようなインド狂が沸騰する時代のことだった。そうしたなかで、本来、言語的類縁性を論ずることの説が、人間そのものの評価にあてはめられていく。言語の起源が同じなら、人間の起源も同じだとの考えから、ヨーロッパ人の起源はインドだとする見方が生まれるのである。インドの人びとが長い年月をかけて、北西に位置するヨーロッパへと移動していったという見立てである。哲学者ヨハン・ゴットフリート・ヘルダー（一七四四―一八〇三）などは、人類発祥の地をヒマラヤ山中だとしている（マーティン・バナール『ブラック・アテナ』）。

インド起源説は、ロマン主義が全盛だったドイツでとくに好意的に受け入れられた。一八二三年には東洋学者《オリエンタリスト》ユリウス・クラプロート（一七八三―一八三五）が、インド・ヨーロッパ人を「インド・ゲルマン人」という言葉に置き換えている。ゲルマン人の称揚につながるこの表現は、イギリスやフランスの一部にも積極的に使用した論者がいたものの、もっぱらドイツで使われた。コーカサス地方を人類の揺籃の地とみていたキュヴィエらの立場と異なる光景が、もう一つの知的世界には広がっていたわけである。

インド・ヨーロッパ人はさらに別の用語にも置き換えられた。それが「アーリア人」である。アーリア人の「アーリア」とはサンスクリット語で「高貴な人」を意味し、およそ紀元前三〇〇〇年ごろから、現在のインドやイランで牧畜生活を営んでいた人びとをさす（後に遊牧民や定住民に分岐する。青木健『アーリア人』)。ヨーロッパの源流がインドのアーリア人なら、それにつながるヨーロッパ人もアーリア人だというわけだ。一九世紀にはアーリア人は、白人全体をさす言葉として広く流布することになる。ノルウェー生まれのクリスチャン・ラッセン(一八〇〇―一八七六)やドイツのマックス・ミュラー(一八二三―一九〇〇)といったインド学者は、そうした用法を広めるのに大きな影響力をもった人物である(ミュラーは後に自説を撤回した)。

そのアーリア人の起源についてもまた、諸説が入り乱れた。一九世紀を通して多くの研究者が、アーリア人揺籃の地はアジアだと考えた。カスピ海からインド北西部のパンジャーブ地方の間、あるいはペルシャなど、やや異同はあったものの、大筋でアジア起源は受け入れられていた。ところが世紀半ばになると、ヨーロッパ起源が提唱されてくる。このころ「先史時代」という概念が導入され、アジアに先んじてヨーロッパに人びとの居住があった、という考えが生じたためである(パスカル・ラボー=フエラン『起源のアーカイヴ』)。

アーリア人の末裔はインドやイランに現在でもいるが(青木健『アーリア人』)、ヨーロッパのアーリア人というのは、事実に反することである。とりわけ二〇世紀に大きな影響を与えることになるこの概念は、こうして言語学との交錯のなかから生まれたのである。

加えて言語の探究は、人種の分類をもう一段複雑にした。というのはインド・ヨーロッパ語の研究が深化するなかで、セム語にも注目が集まるからである。「セム語」と明確に命名したのは、ゲッティンゲン大学でブルーメンバッハの同僚だった歴史学者アウグスト・シュレーツァー(一七三五―一八〇九)だった。セムはすでに紹介したように、ノアの三人の息子の物語に由来する名称で、アラビア語やヘブライ語などはセム語に分類される代表的な言語である。

そしてここでもまたセム語の話者を、人種化する語りが生じてくる。セム語の話者は、キュヴィエの分類ではコーカサス人、すなわち白人に含められている。ところがインド・ヨーロッパ語との対比で語られるようになると、セム語の話者は「セム人」として、インド・ヨーロッパ人、すなわち白人とは異なる人種だと認識されていくのである。これが後に反ユダヤ主義(antisemitism)という言葉へとつながることについては次章に譲り、次にやはり当時の最先端の学問の一つである人種理論に話を進めていこう。

第2節　人種の理論書

1　ゴビノーとその著作

一九世紀における人種の理論家としてまず名前があがるのは、フランスの外交官で文筆家だったアルチュール・ド・ゴビノー(一八一六―一八八二)であろう。全四巻に上る主著の『人種不平等論』が刊行されたのは一八五三―一八五五年。ゴビノーの名やこの書物の題名は、人種の

3-2　ゴビノー

問題に関心をもてば必ず一度は目にするはずである。ただし今日ではこの書がいわゆる人種主義をどこまで典型的に示すのかは、問い直されている。ゴビノーが高い知名度を保つのは、あまりに直截的なタイトルもさることながら、後に彼の理論をナチズムが取り入れたとされるからである。では実際に、この書は何を語っているのだろうか。

この書には従来の人種論を踏襲する側面がある。肌の色による三分類（白、黄、黒）は、キュヴィエが先鞭をつけたものである。三分類の源を聖書のノアの物語に求めているのも同じである。白人の知性や美を称揚し、他の人種、とりわけ黒人を貶める特徴の羅列は陳腐とはいえ疎ましいほど顕著だが、それらはゴビノーの独創ではない。

主張の鍵はこの書の冒頭に見出せる。「諸文明が衰退するというのは、歴史におけるあらゆる現象のなかで最も驚くべきであると同時に、最も不可思議なものである」。人種をタイトルに掲げたこの書は、栄えた文明が必ず衰えるという観察から始まっているのである。

それではゴビノーの文明観の特徴は何だろうか。本書の関心からは三点を指摘しよう。まずゴビノーによれば、白人のみが歴史をもつのであり、白人のみが文明の担い手たりうる。とはいえ、いかに優れた白人でも、単独では文明を創成しえない。文明の生成・発展には、混血・混淆が不可欠だという。

ゴビノーが言う混血とは何か。黒人は人類のなかで劣悪な価値づけしかされていないのだが、ゴビノーは紛れもなく、白人と黒人の混血を文明創成の重要な条件としている。他民族を征服して混血することが、新たな文明を築く原動力となるのである。それについて論じた第二部第七章は「芸術と抒情詩は白人と黒い人びとの混淆によって生まれる」と題されている。黒人は最も活力にあふれ芸術的感情をもつ人間だからというのが、その根拠である。エジプト文明はその一例としてあげられている。

しかし、ゴビノーは続けて言う。本来劣った黒人には、芸術を理解する知力はないし、そもそも黒人には文明を開く能力は皆無である。結果として黒人と混血したことは、文明の衰退を招く。つまり文明が花開くには混血が必要であるにもかかわらず、混淆したというその事実によって、文明はまた滅びの運命にある。言い換えるなら、白人は黒人という負の要素を得ることで文明を創造できるが、文明はその黒人という負の要素を抱え込んだことで衰亡、退化を余儀なくされ、結局は滅びにいたるというわけだ。何とも悲観的な文明観であろう。なおゴビノーは、古代の純血の民族が混血によって劣化したとの立場である。

　ところでゴビノーが知られるのは、ゲルマン人への高い評価ではないか。それが指摘すべき二点目である。文明の生成には混血が必要とはいえ、白人とされる人びとが一様なのでもない。文明にはゲルマンの要素が入っていることが重要である。「私たちのような文化の様式」においては、少なくともゲルマンの要素に接触していることと、キリスト教であることが主要な二つの要素とされる。なかでもゲルマンの方がより積極的かつ決定的に重要で、ゲルマンの要素が入らないところに「私たち流の文明」はないというのである。

　このゲルマンへの高い評価からは、ナチズムが想起されるだろうか。これについては注意すべき点がある。ゴビノーはノアの息子ヤフェトの子孫がアーリア人だとし、そのなかでゲルマン人を重視する。ただし、ゲルマンと現実のドイツを同一視してはいない。ドイツは限りなく民族が混淆しており、統治も政治も試行錯誤が続くのみで安定を欠くのだという。

　またナチズムはアーリア人を称揚し、反ユダヤ主義を掲げたことから、ゴビノーの思想にもこうした側面があると思われがちである。確かにゴビノーはアーリア人という言葉を使い、この民族を文句なく高く評価している。しかし、この言葉をドイツ人にのみ使っているわけではない。むしろより広く捉えて、ヤフェト人やコーカサス人、あるいはインド・ゲルマン人といった名称に代えてこの語を使うよう説いている。ナチズムから想起される排他的なアーリア人とは、かなり趣を異にしてはいないだろうか。後にアーリア人の称揚と対になって語られる反ユダヤ主義も、ゴビノーにはみられない。この点も確認しておこう。

第三点として、ジェンダーをあげておきたい。ジェンダーをめぐるゴビノーの記述はわずかにとどまるが、その主張は、文明には相対立する要素の双方が含まれるべきだというものだ。物質性と精神性、客観性と主観性、そして男性性と女性性。これらの要素のいずれかが十分にあり、なおかつもう一方の要素が不在でないことが望ましいとゴビノーは記す。今日的な意味でゴビノーがジェンダーを意識していたとはいえまいが、混淆に文明を生み出す力をみる立場が、ここにも踏襲されていると読むことができるだろうか(長谷川一年「アルチュール・ド・ゴビノーの人種哲学」)。

こうしていくつか特徴をみてくると、『人種不平等論』という書名から受ける印象とはやや異なる感をもたされよう。一九世紀という時代のなかで人種主義の要素を強力に内包しつつ、一つの文明論とみることも可能である。二〇世紀の文化人類学の巨匠で文化相対主義に立つクロード・レヴィ＝ストロースは、ゴビノーが「人種」というところを「文化」と読み直してみれば、文化相対主義の先駆となると述べたという(長谷川一年「レヴィ＝ストロースとゴビノー」)。興味深い指摘である。文化相対主義が今日の社会においてはらむ問題については、最後に改めて考えることとする。

2 ゲルマン礼賛と「階級人種論」

ここでゴビノーのゲルマンびいきの背景を探ってみたい。それによって彼の歴史における位置づけが、より明確になるからである。さしあたり、今日でも参照されるテオフィル・シマールの『人種理論の形成に関する批判的研究』(一九二二年)に拠りながら進めよう。

まず時代を遡ると、一五世紀中葉のドイツで、古代ローマの歴史家タキトゥスによる『ゲルマーニア』(九七/九八年)の写本が新たに発見された。ときは古典研究が盛んとなったルネサンス期である。この書はローマの現状を憂えるタキトゥスが、土地や習俗、民族などさまざまな項目立てをしてゲルマーニアの特質を肯定的にしたためたもので、再発見されたドイツでは自らを称賛する書として受け止められた。同時代には、ドイツが貴族の源であって、フランスやスペインの王を輩出したのはドイツであり、イタリアの高貴な家系はみなドイツ系であるとの説までが出されてくる。その思想の影響は他地域にも及んだ。

隣国フランスに関しては一六世紀の『フランクのガリア』(一五七三年)に触れなければならない。著者は法学者フランソワ・オトマン(一五二四—一五九〇)。書名にあるガリアとは、古代ローマがケルト人の居住地域をこう呼んだもので、古代フランスの呼称になっている。オトマンは、ゲルマン人は謹厳で質素で勇敢だとし、何よりも彼らの自由な気質を讃えているが、その背景はやや複雑である。オトマンはフランスでは少数派のプロテスタントで、王権から迫害される立場だった。この書は一六世紀の宗教戦争の過程で起きたサン＝バルテルミの虐殺（一五七二年）を受けて書かれている。その主眼は、当時、強力な権限をもつようになった王権や権力濫用への批判であるが、それは彼ら少数派への迫害を踏まえたものである。

対してあるべき王政の姿として示されるのが、フランク人の王朝時代である。歴史をたどればケルト人のガリアは、まずローマのカエサルの軍に征服される。その後今度は東方からゲルマン人＝フランク人が到来し、そこで成立したのがメロヴィング朝（五―八世紀）、次いでカロリング朝（八―一〇世紀）だった。その時代、王は身分制議会で選出されていた。

3-3 フランソワ・オトマン

ところがカロリング朝の後、ゲルマン人に代わってパリ周辺が起源の家系であるカペー朝が一〇世紀末に成立すると、権力は世襲となり、以後、王権が徐々に強化されるのと並行して、貴族の力はそがれていった。続く王朝も同じである。オトマンは、ガリアのケルト人はもとはゲルマン人で、ローマの侵攻によって東方に逃れていたものが、後に戻ってきてガリアをローマから解放したという説を唱えていた。つまりオトマンは、ローマ征服以前のガリアと、ゲルマン人の征服以後のガリアを一体のものとみなし、それを抑圧するのが、ローマを背景とするカペー朝以後の王権（成文法と教皇庁）という対立構造をみているのである。オトマンの書名の意味も自ずと諒解されよう。

「自由」を意味する「フランク人」に対して抑圧者ローマという見立ては、ゲルマン系民族とラテン系民族の間の優劣を示しているともみえる。しかしオトマンは、ゲルマン礼賛に終始するのではない。王権を批判するオトマンは、高まる王権の対立軸として、影響力を失いつつあった貴族を擁護しようとしたのである。

オトマンの見解は後の世にさまざまな形で受け継がれるが、その考えをよく理解した人物として、一八世紀フランスのブランヴィリエ伯爵（一六五八―一七二二）があげられる。ブランヴィリエはフランク人＝ゲルマン人によるガリア征服が今日のフランス国家の基礎だとし、その子孫が本当の貴族だとする。それがカペー朝以降、貴族の地位が低下したのみならず、一六世紀後半ごろに、歴代の王が一四世紀前後から王国内の隷属民を解放してきたという歴史が語られるようになっていた。ブランヴィリエは、フランスが人びとの間の差を縮める方向に動いているとして、そうした傾向に批判の目を向けた。ブランヴィリエの絶対王政批判は階級理論に立つものだと、シマールは記している。

一九世紀にこの立場を受け継いだのが、ゴビノーだった。ゴビノーは貴族の出自ではないままに伯爵を名乗り、ゲルマンにつながると考えた高貴なものの側に自らを擬した（ジャン・ボワセル『ゴビノー』）。革命を経た一九世紀は、いまだ不十分とはいえ、徐々に民主的制度が整えられ均質な社会に向かいつつあった。大衆社会への移行である。ゴビノーは、一八世紀の合理主義や平等思想には与《くみ》せず、フランス革命にも敵対的だった。そのことは必然的に、人種がみな等しく、人類という同じ種だという考えの否定と表裏一体のものとなる。

人種理論に名を残すゴビノーの書は、確かにヨーロッパを頂点に位置づける人種観を基本にしつつ、実はフランスにおける近代の到来という時代性に深く刻印されている。ゴビノーは、身分制が崩壊し、民主的な社会、ひいては大衆社会に向かう波にあらがう流れに身を置いているのである。均質化する社会では異なる人びとの差異が消し去られ、個は大衆のなかに埋没する。ゴビノー研究の長谷川一年の言葉を借りれば「大衆とは混血」なのであり、本来的に平等ではない人間の混淆は忌避すべきなのである（「アルチュール・ド・ゴビノーの人種哲学」）。ブランヴィリエやゴビノーの立場は、「階級人種論」「貴族主義人種論」などとも称される。それは一五世紀にドイツで再発見されたタキトゥスの書が、異なる立場から都合よく解釈され取り入れられてきた歴史の延長上にある。

ゲルマンを称揚するとみえたゴビノーの思想はフランスではほとんど受容されなかったのだが、外交官だったゴビノーは幅広い人脈をもち、そうしたなかでドイツの作曲家リヒャルト・

ワーグナー（一八一三―一八八三）の知己を得た。ワーグナーの反ユダヤ主義はよく知られている。そのサークルのメンバーだったルートヴィヒ・シェーマン（一八五二―一九三八）がゴビノーの著作に共感し、世紀末の一八九四年、ドイツにゴビノー協会を作った。

シェーマンは、著作の翻訳も進めた。時代は普仏戦争（一八七〇―一八七一年）後、敗北したフランスでは対独復讐熱が広がっていた。隣り合う独仏が敵対する時代に、シェーマンはゴビノーに、ドイツとフランスをつなぐ役割をみていたとの解説がある（ジャン・ゴルミエ『人種不平等論』ファイヤール版序文）。もちろんそれはゲルマンの血筋という共通点をみるからだろうが、それを両者の架け橋とするシェーマンの意図は、果たして独仏双方に通じたであろうか。

そもそもゴビノーの書物は、どれほどドイツに受け入れられたのだろうか。長谷川一年は、限られた部数しか読まれていないことを指摘している（「アルチュール・ド・ゴビノーの人種哲学」）。人種の不平等を論じたゴビノーの書が、後にナチズムに影響を与えたのだとしても、その説の特定の部分に過大に注目され、結果として神話的に語られてきた面は否めない。ゴビノーが混血に肯定的な面をみていたことも、先に記した通りである。ヨーロッパの人種主義を論じる際に、ゴビノーの名に言及しておけば事足りるかのような姿勢は、そろそろ改める必要があると思われる。

3　アメリカの人種理論書――ノットとグリドン

ゴビノーの同時代には、イギリス人ノックスによる『人間の種』(一八五〇年)、およびアメリカのノットとグリドン共著の『人類の諸型』(一八五四年)が踵《きびす》を接して日の目をみた。これらはゴビノーの書と合わせて、人種の三大理論書とされている。以下、この二つの書物について順に概略を記していこう。果たして人種理論書と総称されるものは、同じことを主張していたのだろうか。

まずアメリカの著作を取り上げたい(一八五四年の第二版を参照する。内容は初版と変わらない)。ジョサイア・ノット(一八〇四―一八七三)とジョージ・グリドン(一八〇九―一八五七)は、片やアメリカ南部出身で医者、片やイギリス出身で商人から出発した後に古代エジプトの研究にかかわるなど、出身も職業も異にするが、サミュエル・ジョージ・モートン(一七九九―一八五一)を師としたことが大きな接点である。

モートンは医師で、頭蓋測定によって白人の他人種に対する優越を科学的に「実証」しようとした。膨大な頭蓋骨のコレクションをもっていた。モートンは、白人、アメリカ先住民、黒人の順に優れているという序列を提示し、また各人種が異なる起源をもつという人種多元論に立った。グリドンなどのエジプト学者が現地で集めていた頭蓋骨は、黒人の劣等性が、何千年も前からの永続的なものであると証明するのに一役買ったとされる。

モートンへの献辞のあるノットとグリドンの共著も、大筋でモートンの見解に沿うものである。ノットの手による第一部は、人種をめぐる比較解剖学や地理的分布、さらに混血に論及されている。ノットは人種が生来的に異なるという、やはり多元論の立場から発し、混血は退化するとした。異なる種のかけ合わせで出生した者は、程度の差はあるが不妊になる、つまりは衰退・消滅するという主張である。グリドンが担当した後半の第二部は、おもに人種の複数起源の擁護で、聖書から導かれる単元論を批判している。

きわめてわかりやすい人種論、別言すれば新味のないものといえそうで、事実これには従来の多元論者が考えることのパッチワークだとの評もあった。それが刊行から四カ月の間に三五〇〇部が捌《さば》けている(ロバート・A・スミス『人類の諸型』)。関心を集めたのは、黒人奴隷制を擁護する側に加勢するからである。周知のようにアメリカの奴隷制廃止は南北戦争(一八六一―一八六五年)を待つことになるが、すでに一八三三年にはイギリスが、一八四八年にはフランスがいわゆる奴隷植民地における廃止を決めるなど、ヨーロッパ各国で廃止に向けた運動が進められていた。

アメリカにおける奴隷制の存廃論議は、ヨーロッパにおける以上に切迫感があったと考えられる。プランテーションの奴隷制がアメリカ世界という外部にあったヨーロッパに対して、アメリカは内部にそれを抱えていた。奴隷が解放されれば、同じ社会に同じ人間として暮らすことになる。言い換えれば、ヨーロッパにとって奴隷制のなかの黒人はおおむね異世界の存在だったのに対し、アメリカでは多くの地で日常の問題だった。黒人は自分たちとは根本から違うと「実証」することで、奴隷制廃止を食い止めようとする動きは、ヨーロッパ以上に強力だったといえるだろう。第二章でも述べたように、人種多元論は奴隷制の存続を唱える陣営で強化されていったのであり、多元論や単元論という用語自体が誕生したのも、一八六〇―一八七〇年代と、アメリカで奴隷制廃止が実現する前後だったことを、改めて記しておく。

ノットはゴビノーの『人種不平等論』の英訳も手掛けている（抄訳が『人種の精神的、知的多様性』として一八五六年に刊行）。ゴビノーはまずはアメリカにおいて、奴隷制を擁護する側から注目されたのである。

4　ノックス『人間の種』――ヨーロッパ人の分類

それでは『人間の種』に移ろう。著者のロバート・ノックス（一七九一―一八六二）はスコットランド出身の解剖学の教授で、自身の絡むスキャンダルの後はロンドンの病院に勤めた。この書はロンドン在住の間に書かれたものである。ここでは補遺も加わり分量も大幅に増えた第二版（一八六二年）を参照する。

ノックスは冒頭のまえがきで「人種がすべてである。文学、科学、芸術、要するに文明は、

3-4　ロバート・ノックス

人種しだいである」と述べている。そうであるなら能力の高い人種が文明を生み出せるわけだが、ノックスによればそれはもちろんヨーロッパの人種で、その対極が黒人である。黒人は、ロバ（愚かさの象徴とされる）が馬やシマウマと異なるように、白人とは異なっている。黒人と白人の間には根源的、あるいは本質的な相違があるとの認識である。当然にしてノックスも多元論に立つ。また混血は退化だとする。自然状態においては異なる種の混淆は、せいぜい二―三世代しか存続することができず、消滅の運命にあるという。

しかしノックスの分類の特徴は、このような肌の色によるものではない。彼の論の大半を占めるのは、白人の間の相違である。ヨーロッパを中心とする部分だけでも四つが示されている。順に記すなら、まずサクソン人種とスカンディナヴィア人種は、イングランドやドイツ北部、スカンディナヴィアに居住しており、民主的、創造的で権威に屈せず革新を求める人びとである。次のケルト人種は、フランスや南欧、そしてアイルランドに居住する。彼らは自由の意味もわからず、専制的な君主に服している。ケルトの民には文学もなく、イギリスのケルト人であるウェールズ、アイルランド、スコットランドはまったく無知だと手厳しい。スコットランドはノックスの出身地ではあるのだが。

三つ目に、後のオーストリア＝ハンガリー帝国の版図に相当する地に居住するスラヴォニア人種は、やはり専制君主のもとに縛られている。最後のロシア人種にいたっては何ら進歩の兆しもなく、自由の概念を理解することもできない者たちだとする。

確かにノックスはタイトルにも人種という単語を使っている（『人間の種』の原題は *The Races of Men*）が、こうした分類からは人種概念が幅広い意味で使われていることがわかる。人種という言葉が、私たちが考える人種に収斂されていないということでもある。結局この書物の主たる主張は、サクソンたるイングランド人の優秀性だと読める。

補遺の第三章「アフリカ」をみてみよう。当時はヨーロッパ列強によるアフリカ征服が進行中だった。それについてこの章では、かつてのアメリカ世界の植民地化の状況と対比しつつ、ケルトのフランスに対していかにサクソンのやり方が優れているかが、縷々力説されている。フランスが苦慮した北アフリカのアルジェリアの征服・統治の手法を批判して、サクソンならもっとうまくやったと皮肉ってもいる。植民地支配の能力も人種しだいのようである。ノックスの書には一九世紀、とりわけその後半に昂揚するナショナリズムが反映されているといえるだろう。ノックスの書の副題が「国民《ネイション》の運命にかかわる人種の影響に関する哲学的探究」であるのはそれを端的に示している。

以上の英米の著者による二つの書物は、肌の色による優劣関係を前提としつつ、力点の置き方にかなりの開きがあることが見て取れる。双方の相違をあと二点、記しておこう。一つは、ノットとグリドンがユダヤ人を高く評価するのに対して、イギリスのノックスは反ユダヤ主義に立つこと。もう一つは、今度はノックスが黒人奴隷制に反対の立場であることだ。もっともその理由は黒人の報復が恐ろしいからだというのではあるが。いずれの論点もこれ以上は立ち入らないが、三大理論書と呼ばれるものの主張が一様でなかったことは、人種が広汎な議論を呼んだことの裏返しだろう。

ところでノックスは、本節冒頭で取り上げたフランスのキュヴィエや、動物学を専門とするジョフロワ＝サン＝ティレール(後出)らと親交があった。人種理論で一つのキーワードである混血に関しては後に述べることとして、次節ではキュヴィエらが大きくかかわった一九世紀の事象を追うこととしよう。

第3節　優劣を判定する科学

1　ホッテントットへのまなざし――人間の「境界」に

人種理論が当初、他者との接触のないところで作り上げられたことはすでに触れたが、一九世紀には実際に彼らを目にする機会が増えていく。そうした機会の一つに、異なる人びとが商業的に「展示」されるようになったことがある。下位に序列化された人びとをヨーロッパの大衆が目にすることによって、すでに作られた価値づけにしたがって自らの優位を確認し、人種主義が広がる下地が作られた時代だともいえる。

外部の人間をヨーロッパに連れてきて見せる、という行為は一九世紀に始まるわけではない。遠方に出かけた探検家たちは、それぞれ現地の人びとをヨーロッパに連れ帰って、宮廷などしかるべき場で「見せて」いる（コロンブスは南米のアラワク人を、一八世紀に太平洋を航海したブーガンヴィルはタヒチの人を）。しかし一八世紀の終わりまで、外部の人の展示は限られていたし、ヨーロッパの科学者たちがみな「実物」を見て記録しようとしたわけでもなかった。それが一九世紀に入ると、とりわけ半ば以降はその機会も増えていく。

当初、最も展示されたのは、南アフリカのホッテントットと呼ばれた人びとだった。それには彼らが序列の最下位に位置づけられたことがあるだろう。人種分類が試みられるなかで、なぜホッテントットがアフリカ人の間でも最底辺とされたのか、どのようにイメージが作られたのか。そこからは、人種概念の形成のみならず、それにどう科学がかかわったのかといった点にも視野が開かれる。本節ではしばし彼らに焦点を当ててみたい。

はじめに呼称について確認しておこう。言うまでもなくホッテントットは蔑称で、今日では彼らの自称からコイ人と呼ばれる。コイは人間という意味で、コイコイ人ともいう。南アフリカにはブッシュマンと呼ばれた人びともいるが、今ではサン人と呼ばれ、両者を合わせてコイサン人とも称される(この他にも多様な先住民がいたことには、ここでは触れない)。

本書では同時代の表現を踏襲してホッテントットを使うが、この名称は何に由来するのだろうか。一般には、彼らの言語に舌打ち音があり、吃音のように聞こえることからこう呼ばれるようになったとされる。しかしそれは、一九世紀に入って彼らの存在がヨーロッパで広く知られるようになり、このような言語では理性的思考を表明できまいという見立てがなされたからのようである。つまるところ、このような言語を話す人びとは限りなく猿に近い、という理屈である。

一七—一八世紀の旅行記を渉猟して『ホッテントットの発明』を書き上げたアフリカ史家フランソワ＝グザヴィエ・フォヴェル＝エマールは、名前の由来を次のように記している。もともとヨーロッパ人はその地の人びとを、現地人とか原住民や黒人、あるいは未開人としか呼んでいなかった。それが一七世紀前半の旅行記によれば、来航するヨーロッパ人からコイ人はパンやら服やらを受け取っており、礼として踊りを披露した。その際、二本の指を鳴らし、舌や足でも音を立てながら「ホッテントット」という言葉を発していたという。この呼称は、オランダ領ケープ植民地が成立する一六五二年前後には使われ始め、急速に広まりをみせた。一六六八年のオランダ人の旅行記によれば、ケープへの入植者の間でもホッテントットが使われていたようで、一六七三年からは公式文書にもこの呼称が現れるという。

踊りながら「ホッテントット」と発することに関しては、白人との対立の過去があり、オランダ人が約束したものを与えなかったことに対して、いわば告発するものだったとの説もある。彼らには歴史も記憶も文化もあるということだ(アンヌ＝マリ・メルシエ＝フェーヴル「ホッテントットの踊り」)。

啓蒙期にもカントやヴォルテールなど、ホッテントットに注目する思想家は少なからずいた。記述は概して否定的である。たとえばルソーは『人間不平等起源論』で、一般に動物の状態とは「多くの未開民族の状態でもある」とし、即座にホッテントットを名ざして、望遠鏡がなくても遠方の船が肉眼で見えると述べている。狩りや走りに秀でているという評価も含め、動物に近いということであろう。およそ知的活動に未開人は向かないことを述べた箇所でルソーがあげるのは、やはりホッテントットである。

『百科全書』には「ホッテントット」が立項されている。そこでは冒頭から、ホッテントットは肌がさほど黒くなく体格も小さいなど、他のアフリカ人と違うことが記される。彼らは

「恐ろしいほど不潔」で汚いところで生活するのを好む。ケープ植民地の入植者はこうした未開人を家内の最も汚い仕事に好んで雇っていたという。またホッテントットという呼称については、やはり彼らが踊りとともに発する言葉に由来すると記されている。

『百科全書』で注目されるのは、性的な特徴である。まず女性に関しては、女性器(小陰唇)が異様に長く垂れ下がっているという記述がある。これは「ホッテントットのエプロン」と称されたものだ。男性については睾丸が一つしかなく、通常は八歳で片側を切り落とすとのことである。一八世紀に人種分類をしたリンネは単睾丸という情報に注目し、『自然の体系』第一〇版(一七五八年)から設けた「奇形人」にホッテントットを分類した。「奇形人」は人間《ホモサピエンス》の最後の分類で、その次にくるのは「穴居人」(オランウータン)である。つまり「奇形人」たるホッテントットは、人間の境界に位置すると考えられたわけである。

こうした思考の背後には、ギリシャ哲学以来の「存在の連鎖」という世界観において、ミッシング・リンク、いわば「欠けているつなぎ部分」の探索が進められていたことがある。存在の連鎖とは、この世のあらゆる存在が石ころのような鉱物から、植物を経て、動物に、そしてなかでも人間に、さらには至高の存在まで、一連の鎖の輪としてつながっているという考えである。そのなかで動物から人間へと大きく相が転換する場面でのつなぎの存在は何かが、科学者の関心を集めていた。つまり人間と猿をつなぐ存在である。それがホッテントットだという見立てが広まったのである（アーサー・O・ラヴジョイ『存在の大いなる連鎖』）。

2　イメージの形成

ホッテントットのイメージがどのように形成されたのか、もう少しみていこう。以下、フォヴェル＝エマールの詳細な記述を参考に概略してみたい。

アフリカ最南端のこの地は、一六世紀に喜望峰回りの航路が開拓されると、アジアとの中継点とされた。寄港するヨーロッパの船が十分な食料を調達するには、ここで土地を入手して食料生産の基盤を確保しなければならない。オランダ東インド会社によってケープ植民地が設立されると、コイサン人の土地は武力によって収奪されていった。現地の反抗は継続的に弾圧され、人びとは困窮した。

ところで植民地支配には現地の協力者が欠かせない。ホッテントットの協力者たちも、そのイメージ形成に影響を与えた。具体的事例をたどると、ケープ植民地を作ったヤン・ファン・リーベック（一六一九―一六七七）に通訳として仕えた一方、自らの利益のために背後で種々の画策をして狡猾なイメージを残したハリー。通訳をするなかで植民地化が自分たちの社会に与える被害に自覚的となり、仲間を募りつつヨーロッパに反旗を翻したドマン。やはりリーベックの通訳で、スパイや交渉役に八面六臂《はちめんろっぴ》の活躍をした上、オランダ人を夫としたものの、夫が死去した後は娼婦となったエヴァ。

いずれもヨーロッパ社会に一度は近づきながら、しょせん「文明化できない存在」と結論された。なかでもヨーロッパに「同化」したのに「野蛮に逆戻り」したエヴァは、「生来の性質」が消し去れないことを強調する格好の材料とされた。エヴァの事例が強調されたのは、女性であったことも作用しているだろうか。

「文明化されえない野蛮人」であるホッテントットをめぐる関心は、性的なものに集中する。先に記した女性器や男性器に関する物言いは、多くの旅行家が縷々記していく。男性の身体に欠けるところがあり、女性の身体に余るところがあるという、いわば通常と逆転した状況は、人びとの間におかしみも買ったことだろう。性的なことにまつわるおかしみは、蔑視の裏返しである。長く垂れ下がる女性器は、男性器を連想させたようで、ホッテントットの女性は両性具有だという説も流布されて、彼女たちが不道徳だとか、ふしだらだといった見方にもつながった。

性的なものに関心が集中したことに関してフォヴェル＝エマールは、訪れたヨーロッパ人の間に集合的な想像力が働いたとみる。すなわち彼らの多くが短期の滞在だったことや、当時は航海者の間での死亡率が高かったこと(六人に一人)が、想像力を膨らませる一因になったという。しかも彼らはえてして低い階層の出身だった。人生で自由に手に入るものが限られるなかで、異郷でのつかの間の楽しみが性的側面に凝集されたというのである。

　フォヴェル＝エマールは言及していないが、他のアフリカ諸地域とは異なって、ケープ植民地が奴隷貿易の拠点ではなく、ヨーロッパ人の入植地だったことも関係していよう。多くのアフリカの地は奴隷売買の拠点で、現地との接触は限られたが、入植地だったケープでは、現地人とヨーロッパ人の日常的な接触が格段に多かったはずである。下位に位置づけた異なる人びととの距離が近いほど、直接的な差別意識は増幅される面がある。事実、植民地政府は現地住民に対する優越意識を植えつけた。

　一方で、ケープ植民地に奴隷が導入されたことにも注意したい。ヨーロッパとアジアを結ぶ補給地として食糧生産などに従事させるためである。奴隷の出身地はアフリカ東海岸やマダガスカル、さらにはインドやインドネシアにまで及び、一八〇七年にイギリスが奴隷貿易を禁止するまでに六万人が売買されたという（ロバート・ロス『南アフリカの歴史』）。外来の奴隷はホッテントットから見下される存在だった。

　しかし単寧丸の話が伝わったヨーロッパ人の間では、ホッテントットは奴隷よりも下位に位置づけられた。ホッテントットが「奇形人」とみなされたことは、すなわち白人や黄色人種より劣るとされた黒人の間にも序列化・階層化がもち込まれたことを意味している。黒人の間の序列化はさほど意識されないが、この点も指摘しておこう。

では男女それぞれの性器の特徴は、事実だったのだろうか。実際に女性器を目にしたが、そんなものはなかったとの記録もある。またある医師は男性器について、切除した睾丸から出てきたダイヤを総督がもっていたという伝聞を書いている。総督はそのダイヤを黒人の王に護符として与えたのだそうだ。黒人の王が誰なのかはともかく、現地を体験した人びとの間の集合的な想像力で練り上げられた性器をめぐる物言いは、微修正を加えられながら基本的な情報は変わらず残り、強烈な印象をヨーロッパ社会に残していった。

こうしてケープ植民地という特殊なアフリカの場から広まったイメージのもと、最下層に位置づけられたホッテントットの展示が、一九世紀のヨーロッパで広まることになる。

3 ホッテントット・ヴィーナス

一八一〇年九月、ロンドンのピカデリー大通りの小屋で、南アフリカ出身の女性が見世物となった。名前はサラ・バールトマン。興行名は、ホッテントット・ヴィーナスだった。ホッテントットの実物を見られる、場合によっては触れられると大人気を博した。その身体への関心ゆえに、数年後にパリで逝去すると自然史博物館で解剖され、切断された身体部分は同館に保存された。それらは死後二世紀近くを経た二〇〇二年になって南アフリカに返還されて、大きな注目を集めた。彼女は今日、小説や映画にもなっている。彼女の物語をたどっていこう。

サラの生年は不詳で、一七八九年ともそれより前ともいわれる。年頃になるとふくよかになり、とりわけ大きな臀部はホッテントットの特徴とされたものだが、サラが注目される一因だった。サラが渡欧した経緯にも諸説ある。南アフリカはヨーロッパ人の入植で戦闘もあって現地人の貧困化が進んでいた。サラも困窮していて、入植オランダ人の農場で働くようになったところ、農場主やその友人のイギリス人から一旗揚げにヨーロッパに渡る話が提案され、サラもそれを受け入れたというのが一般に知られる語りである。ヨーロッパ人による現地人の虐殺のなかで、連れ去られたとする説もある。

いずれにせよサラの豊満な身体をヨーロッパで見世物にすれば、受けるだろうと考えられたのは間違いない。渡欧するにはパスポートが必要である。サラ・バールトマンというのは、そのために急ごしらえにつけられた名だった。名字はオランダ語で、直訳すると「顎髭の男」だが、顎髭は隠語では陰毛を表すという（ジェラール・バドゥ『ホッテントット・ヴィーナスの謎』）。サラにはわからなかっただろう。

先述のように、イギリスでの興行は大成功だった。黒人は見下す対象である反面、珍しさからエキゾティシズムをかきたてる。なかでもホッテントットは最も動物に近いとされた存在である。大衆の間には熱狂的な関心を呼んだようである。

しかし事態は単純には進まない。イギリスは一八〇七年に奴隷貿易を廃止しており、さらに奴隷制度そのものの廃止を求める運動も進展しつつあった。そうした立場の複数の団体から、サラを解放してアフリカへ帰すよう、興行主が提訴されるのである。

ところが裁判ではサラ自身が、自分は自由であること、自らの意思でアフリカを離れたことなどを語り、訴訟は尻すぼみに終わった。もっとも、裁判沙汰になったとあれば、それまで通りの見世物を続けるわけにはいかない。その後しばらくは、地方を細々と回ることとなった。

転機は一八一四年九月。サラは別の興行師の手に渡り、パリにやってきた。ナポレオン時代が終わり、王政が復古した時期である。パリでもサラは評判となったが、あがった利益をもって興行師は消えた。サラを最後に手に入れたのは動物使いの男だった。サラは過酷な展示に加えて過酷な生活を強いられ、一八一五年一二月末、病で生涯を閉じた。

4 「科学」の介入

死はサラを苦しみから解放しなかった。評判を聞いていた科学者たちが、サラの解剖を望んだのである。中心となったのは前節にすでに登場しているキュヴィエだった。解剖が行われた自然史博物館は革命期の一七九三年、パリの王立植物園に設立された新しい組織である。

サラの解剖ではまず性器に注目された。その結果、ホッテントットのエプロンはない、という結論が出された。単に小陰唇が発達したものだというのである。死後に秘所を確認する行為もさることながら、性器や脳は切り取られ、標本として後世に保存された。一八世紀後半には人種分類が試みられるのと並行して、頭蓋骨を収集して人間の相違を観察する科学者たちがいたことをすでに記した。キュヴィエもまた、頭蓋骨の探究をした一人だった。サラの切除された部位をみれば、科学者たちの関心がどこにあったのか、容易に諒解される。

解剖に際しては、全身の石膏像が作られた。それはまず自然史博物館の比較解剖学の部屋に、次いで一九三七年からはパリの人類博物館（一八八二年に開館した民族学博物館が同年に改称）に展示され、一九七〇年代に批判が起こるまで続いた。しかも一九九四年になお、公開される一幕もあった。遺骸の南アフリカへの返還をめざす運動は、その一九九四年に初めて黒人で大統領になったネルソン・マンデラの政権が成立したのを機に、起こることになる。

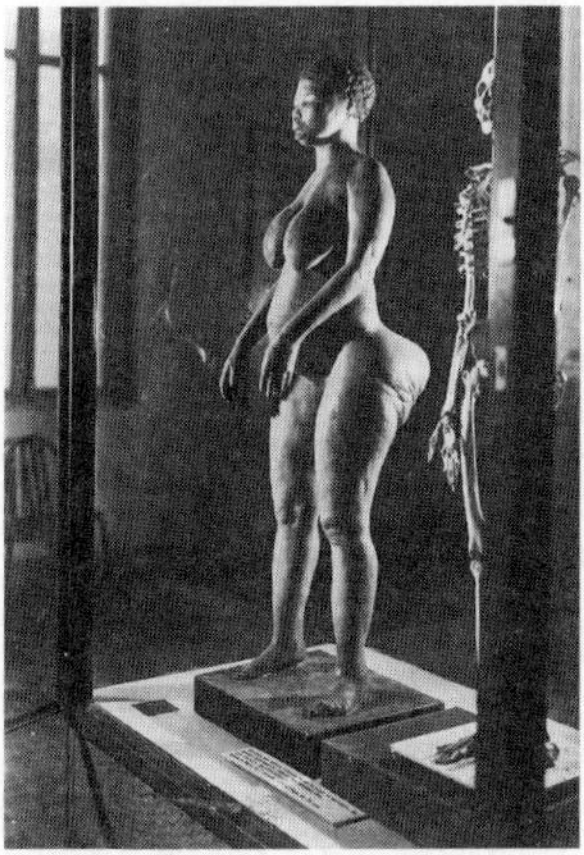

3–5　人類博物館（パリ）に展示されていた「ホッテントット・ヴィーナス」の石膏像．現在は撤去されている

実はサラは生前、すでに科学者に裸身をさらすため自然史博物館に送られている。ひとたびサラが評判になると、観察したいと申し入れがあったのである。その時は性器は秘匿されたままだったが、観察したキュヴィエは急に気まぐれに動

いたりするのは猿と一緒、唇を突き出すさまはオランウータンと一緒、などという所見を残している。

キュヴィエに同席したなかに、博物館の設立当初から動物学の講座の担当だった博物学者エティエンヌ・ジョフロワ゠サン゠ティレール(一七七二―一八四四)の姿もあった。下した評価はさして変わらない。彼は奇形学なるものに携わっており、そうしたまなざしでサラをきわめて動物的と評すなどした。『ホッテントット・ヴィーナスの謎』を著したジェラール・バドゥは、ホッテントットがこの後も長いこと人類の階梯の最も下位に位置づけられたのには、この二人の評価が大きな役割を果たしたと記している。前節で取り上げたノットとグリドンも、ケープ植民地の住民、要するにホッテントットは、人類で最も猿に近い最下位の人間だと述べている。人類のなかで誰が最下位なのかは、誰がどの立場から語るかによっていくらでも変わりえたが、この時期はホッテントットに大きな注目が集まったのだった。

5 「世論の汚染」

以上にやや詳しくサラの物語を紹介したのは、彼女の事例は一九世紀ヨーロッパの人種をめぐる状況を先駆的に、また象徴的に示したと考えられるからである。一つには、異なる人の展示が広がったことである。身体に障碍のある人たちなどが「奇形」として展示されるフリークショーの類はすでにあったが、一九世紀にはヨーロッパ人と異なる地の出身者、つまり別の意味で見た目の異なる人たちが多く見世物となっていく。ホッテントットに続いては、人種分類でやはり下位に位置づけられたラップ人やブッシュマンとされた人びとも展示された。劣性を付与された人びとの姿を求めてヨーロッパ人は展示小屋に足を運んだ。

アメリカに目を転じれば、興行師でサーカス団も設立したフィニアス・テイラー・バーナム（一八一〇―一八九一）が一八三五年、黒人女性ジョイス・ヘスを見世物にして全米を回った。ジョージ・ワシントンの乳母だったという触れ込みで、年齢は一六一歳とのことだった。むろんこれは偽りだったと後に判明するが、珍しい「もの」＝者の展示で大衆の歓心を呼び起こすという意味で、バーナムも一九世紀を象徴する活躍をしたと言える。

世紀の後半には、こうした個々別々の見世物ではなく、組織的な展示が行われるようになる。その前提としてまず動物園の出現に言及しておこう。ヨーロッパでは一九世紀に入る前後から動物園が作られるようになった。サラが解剖された自然史博物館に併設された動物園は、ヨーロッパ最初のものである。ロンドンでも一八二八年に動物園が作られた。産業革命を経て、自然を街のなかにもち込んだのが動物園という存在だったとする見解もある（エリック・バラテ「野生の震え」）。

当初、動物園は科学的探究が主要な目的で入場者も限定されていたが、経営上の問題も生じており、世紀半ばには立て直しのために多くの観客を呼び込む工夫がなされていく。すでに一八二七―一八二八年には、エジプトから友好のために送られてきたキリンがロンドンやウィーンなどで展示され、パリでは六〇万人を集客した(同前)。こうした事例は、少しでも価値のある動物、つまりは珍しい動物を展示しようとする試みの後押しとなる。

動物園というあり方は、パリのような例外は一部にあるが、むしろ民間で発展した。サーカスなど動物の調教にかかわる興行師たちは、珍しい動物探しを相競うようになる。その代表として、ドイツのカール・ハーゲンベック(一八四四―一九一三)をあげなければならない。カールの父は魚屋で、北ドイツの港町ハンブルクでアザラシを展示したところたいへんな評判となり、以後、野生動物の売買に手を染めた。息子カールは父の事業を受け継いで、外国の珍しい動物の売買や仲介にかかわった。一九〇二年、日本の上野動物園にライオンやホッキョクグマなど一二種の動物を提供したのは彼である。

本節との関連では、彼が一八七四年、ラップ人の展示とともに「民族《エスノ》ショー」を開いたことに注目される。ラップ人が一七世紀のベルニエの分類で最下層に位置づけられた存在であったことは、第二章で述べた通りである。この催しは爆発的な人気を博し、翌年からはスーダンのヌビア人(ヌバ)の展示やショーも企画された。しかもベルリンやライプツィヒなどドイツの都市だけでなく、パリやロンドンにも遠征し、やはりたいへんな評判をとった。

それに意を強くしたハーゲンベックは、世界各地にもつ人脈から「珍しい」人びとを集めて展示するという、新しい娯楽の提供に積極的に乗り出した。いくつか列挙するだけでもエスキモー(イヌイット)、インド人やシンハラ人、オーストラリアのアボリジニ、加えてモンゴルやソマリア、さらには南米のパタゴニアやフエゴ諸島の人びとなど、その出身地はまさに全世界に及んだ。ハーゲンベックは展示にあたり、彼らの生活を再現させる「原住民村」、あるいは「黒人村」といった企画を立てて、各地を巡業させた。なかには、それに特化したある種のプロ集団にまでなったケースもある(ヒルケ・トド＝アローラ「ハーゲンベックとヨーロッパ巡業」)。

各地を巡業したことからも、ハーゲンベックのような企画が孤立したものでなかったことは諒解されよう。先に記したアメリカのバーナムもしかりである。二人の間には親交があり、バーナムは定期的にハーゲンベックから動物を買ってもいたが、両者の親しいつながりは、互いに似通った時代の感性を共有していたことを示しているだろう。

一九世紀後半に各地で盛んに開かれる万国博覧会でも、こうした展示は行われた。たとえば革命一〇〇周年を祝った一八八九年のパリ万博では、それは呼び物の一つにもなる。異なる「他者」の展示は、いわば「システム」として広がっていった。他者を展示して見る、という行為は、自身を上位に位置づけることが前提である。異なるもの、奇異なるものへの驚きや称賛は、しばしば蔑視と背中合わせともなる。一般大衆が目で見て自らとの差異を確認することは、自らの優越性の確認とひとつながりだった。「エキゾティシズム（異国風・異国趣味）」という言葉が一九世紀半ばに誕生していたことを思い起こすのも、無駄ではあるまい（英語で一八三七年。フランス語で一八四五年）。この言葉が単に異なるものを愛でる心性なのかは、複数の側面から考える必要があろう。

他方、この時代の西欧では、初等教育の整備とともに識字率も向上する。それは大衆向けのメディアの進展も生み、それらの媒体がこの種の催しをセンセーショナルに伝えることは、一方的なまなざしの増幅に一役買った。このような状況についてアフリカ史家のカトリーヌ・コクリ＝ヴィドロヴィッチは、「世論の汚染」が広まったと表現している（「白人の優越性と黒人の劣等性の公準」）。

そして先に述べた科学である。サラは死後に解剖されたが、バーナムが展示したジョイス・ヘスも解剖に付された。前述のようにキュヴィエは比較解剖学を確立した科学者で、キュヴィエ以降は解剖が分類を決める重要な手段になった。他者の劣性を確認する手段として解剖という科学的手続きが用いられたことは、「世論の汚染」を科学が下支えしているともみえる。しかも援用されたのは時代の最先端の科学である。科学がつねに時代の要請に応えるものであるならば、人種と科学にも同じ関係があるであろう。少なくとも大衆化の進む一九世紀という時代、科学は人びとの趣向とも合体して、人種主義を補強する大きな役割を果たしたことになる。

日本の事例も忘れてはなるまい。展示に関しては日本でも、一九〇三年に大阪で開かれた第五回内国勧業博覧会に際して「学術人類館」なる場が設置され、アイヌの他、台湾や琉球といった日本の周縁部に加えてジャワやインドなど、遠方の人びとが学術の名において展示されている(人類館事件)。これには東京帝国大学人類学教室の人類学者、坪井《つぼい》正五郎《しょうごろう》(一八六三―一九一三)が積極的に関わった。ここでもやはり科学が背後で支えていた。誰が誰にいかなるまなざしを向けるのか、地域が違っても行われたことにさほどの差はないといえようか。グローバル化がこうした側面を伴って進んだことには、本書の最後で改めて立ち返る。

第4章

ナショナリズムの時代

顕在化する差異と差別

「黄色人に道をあけろ」．日本の台頭を警戒する諷刺画(日露戦争期に作られた絵葉書)．蹴散らされているのはロシア，イギリス，フランス，ドイツの各国

第1節　諸科学の叢生

1　一九世紀と人種

一九世紀は「ナショナリズムの世紀」と一般にいわれている。第三章でみた人種論にも、ナショナリズムを読み取ることができたのは、その表れである。本章はおもに、一九世紀の後半に焦点を当ててみたい。およそヨーロッパや北米で近代国民国家の形成が本格化するのが、この時期に当たるからである。近代国家は社会の均質化を進め凝集性を高めていく。政治や経済などの制度面での整備も進み、国家のものとして定められた言語や歴史などの知も、教育制度や場合によっては徴兵制が形を成すのに伴って、国民の間で共有されるようになる。

しかし当時は社会のなかのさまざまな格差が国民意識の面でもまだ大きな位置を占めていた。整えられる諸制度は、男女の差異を内包していたし、経済的格差が政治的権利の相違も生んでいた。たとえばまずは男性にのみ付与された参政権も、当初は納税額に応じたものであるのが普通だった。このような権利の面での差異は、法の前の平等の適用範囲が広がることで、時代とともに解消されていく。だからといって、社会的に他者と認識される人びとの存在がなくなるわけではない。

この国民国家形成期は、帝国主義時代にも重なっている。一九世紀に各地で黒人奴隷制が徐々に廃止されると、今度は列強の間で領域支配につながる海外進出が急速に進展し、ヨーロッパの視野はさらにグローバルに広がった。一八七〇－一八七一年の普仏戦争以降、ヨーロッパ内での戦争はほぼ封印される一方、植民地化が進んでいなかったアフリカへの介入は本格化し、第一次世界大戦にいたるまでにアフリカ大陸はほぼ分割されつくした。しばらく前には奴隷の送り出し地域だったアフリカは、今度は列強の面的支配の対象となる。一八八八年のブラジルを最後に奴隷制が廃止されたといわれるものの、新たに列強の支配下におかれた地域には、プランテーション農園とは別の形で奴隷労働が残存していたことも記しておく。

グローバル化の進展は列強による植民地支配のみならず、人の移動にもつながった。均質性を高めようとする動きの背後で、いずれの社会にも異質な人びとは絶えず流入した。それは、社会の多様性として評価されるよりは、不協和音の増大と受け止められることが多かった。そうした相違を超えて国民意識が共有されるかは、自明ではなかったのである。国民国家の排他性はつとに指摘されてきたところであるが、人びとの差異は人種の相違として認識され、排外的な動きとして現れることもあった。

たとえば前章のノックスの項で触れたように、サクソンのイギリスには、ケルトのフランスに対するナショナリズムがみられた。しかしイギリスは、サクソン人だけで構成されているのではない。歴史を繙《ひもと》けば、ケルト人が居住していた古代ブリテン島に、まずはローマが進軍し、サクソン人は古代の末期に到来した。そしてその後一一世紀には、フランス北部から海を渡ってきたノルマン人が征服する。彼らの間の対立や抗争は古くから、『アーサー王と円卓の騎士』(一二世紀ごろ)やウォルター・スコットの『アイヴァンホー』(一八二〇年)、また最近ではカズオ・イシグロの『忘れられた巨人』(二〇一五年)などに描かれてきたところである。

さらに近代以降は、早くに植民地化の始まったアイルランドから労働者が流入する。イギリスは植民地帝国として、おもに周縁部の人びとを海外領土に送り出すと同時に、周縁部のアイルランドからは移住者を受け入れた。その数はピークとされる一八六一年に六〇万人を超えている(ジョン・ソロモス『イギリスの人種と人種主義』)。彼らは余所者扱いされ、アイルランド人、すなわちケルト人はイングランドから追放されるべきだというのは、一般的な考えだったという(ロバート・ムーア「一九世紀ヨーロッパにおける人種と不平等」)。

国民国家形成の過程では、誰が国民なのかが規定されていく。社会の多数派から発せられる、国民は誰かという問いは、自分たちは誰かという問いであり、誰が「自分たちの範囲」に含まれるのかを問うことでもある。そこには法の規定とは別に、人びとのアイデンティティの問題として人種意識が大きく作用していくのである。

このような時代に、新しい学問が次々と叢生した。第三章で述べたように、一九世紀は科学の世紀でもあった。本書の関心に照らすなら、それらは人びとの間を束ねるよりは、さまざまな基準で切り分けるのに応用されもする。むしろ異なる人びとと接するなかで、新たな思想が生み出された面もある。本章ではそうした錯綜した時代を垣間見る。それにあたってはじめに新しい学問群を概観し、その後に近代国家形成と人種の問題を、アメリカを事例に考える。さらにこの時代に新しい視角から唱えられる人種観を概観することとする。

2　進化論と社会進化論

まずは科学史に大きな足跡を残すチャールズ・ダーウィン（一八〇九―一八八二）の進化論を取り上げよう。一八五九年に刊行された『種の起源』は、生存競争と自然選択（自然淘汰）によって種が進化するというもので、これらのキーワードとともによく知られていよう。進化論はダーウィン以前から唱えられていたとはいえ、科学的には粗雑なもので、ダーウィンの書が科学としての進化論を基礎づけた（松永俊男『チャールズ・ダーウィンの生涯』）。

第三章で「存在の連鎖」という考えを記したが、それは下等な存在から高等な存在へという、ある意味で直線的な進化の観念だったと言える。それに対してダーウィンは、樹木が枝分かれするイメージで進化の過程を提示した。ここに一つの思考の転換が読み取れる（斎藤光「ダーウィン」)。

ダーウィン、種の起源、進化論、という断片的な知識だけで連想すると、この著作が刊行された後、科学的にも認識が大きく改められたとつい考えがちである。進化論が科学的に正しいのであれば、人間は神の被造物ではないのであり、そうした聖書に基づく見方が否定される。何より、人間も進化の産物なのであれば、そもそも人種が多元か単元かという議論にも終止符が打たれるはずである。

ただしダーウィンにはいくつか留保が必要である。ダーウィンの説は同時代にあっさり受容されたわけではない。たとえば多元論は、本書でも繰り返してきたように、奴隷制の存廃に揺れるアメリカであれ奴隷制を廃止したヨーロッパであれ、簡単には一掃されなかった。そもそもこの書は動植物について記しているが、人間について書かれるのは一二年後に刊行される『人間の由来』(一八七一年)においてである。『種の起源』のみがすべての解を提示したのではない。加えて進化の概念はこの時代の通奏低音だったと言えるが、それはむしろ「社会ダーウィニズム」と呼ばれるスペンサーの社会進化論に負うところが大きかった。

周知のように、社会進化論の始祖ハーバート・スペンサー(一八二〇—一九〇三)は在野の哲学者で、人間社会が優勝劣敗、最適者生存という原理で進化発展することを説いた。この説はダーウィンの名を冠しているので、ダーウィンの科学的な説が後に社会にも適用されたと考えがちだが、スペンサーの方が早く自説を展開している。「最適者生存(survival of the fittest)」はスペンサーの言葉で、『種の起源』には第五版になって取り入れられた。「進化(evolution)」という言葉もスペンサーからダーウィンが取り入れたもので、第六版にいたるまで使われていない。社会ダーウィニズムとは、事後的に付された名称である。

ダーウィンに関して注意すべきは、この社会進化論との関係である。こうした思想は今日では顧みられなくなったが、それだけに、ダーウィンの説と社会進化論は別物だとする立場が従来は主流だった。生物進化論と社会思想との同一視を戒めるものである。それが近年、両者は論理的に切り離せないという見立てが提示されてきている。実際、とりわけ『人間の由来』では「文明人」と「野蛮人」が対比的に描かれ、優劣を前提とするやや衝撃的な記述も読み取れる。

しかし研究史をたどると、すでに一九七〇年代に議論を総括する論文が刊行されている。ダーウィンについての著作もあるジョン・C・グリーンの「社会進化論者としてのダーウィン」(一九七七年)である。論文の冒頭でグリーンは、社会ダーウィニストとしてのダーウィン像の支持派と反対派の議論を紹介している。支持派が依拠するのは『人間の由来』で、ダーウィンを「生物学的スペンサー主義」とか「人種決定論者」とみなしている。反対派は、そう断定するにはこの書は曖昧だという。反対派には「生物社会学」を提唱した今西錦司の名もみえる。

そこでグリーンは、ダーウィンの未刊行の手紙や種々のメモ書きなどをもとにダーウィンの思想を再構成するという手法をとった。そしてそれらから、まさに社会進化論の思想が浮かび上がると述べている。ダーウィンは同時代のそうした風潮と無縁ではなく、イギリスの帝国主義的行動も支持していたというのである。

グリーンの論文にはダーウィンの言葉がちりばめられているが、最後の引用は、ダーウィンが社会学者ウィリアム・グラハムにしたためた献本の礼状である。献呈された書物にひとしきりケチをつけた後でダーウィンは、およそ次のように書いている。私としては自然選択が文明の進歩のためになしたこと、またなしつつあることをいくらでも示すことができる。かつてヨーロッパの諸国民はトルコ人の攻勢を前に、大いなる危険をおかした。しかしトルコ人に制圧されるなどは、いまではばかげた考えである。より文明化されたコーカサス人種が、トルコ人を生存競争において打ち負かしたのだ。近い将来、数えきれないほどの低劣な人種が、より高度な文明をもつ人種によって世界中で消されていくことだろう、と。

もっともグリーンは、ダーウィンを人種主義者だと結論づけたいわけではない。グリーンは、ダーウィンを社会進化論と切り離して捉える立場は放棄すべきだとする。彼が他の科学者同様、自らが属す文化に根差す思想をもとに、自然や人間の本性を探究したのは確かだからだ。しかし同時に彼のもたらした科学的成果が、むしろ長期的には社会進化論的思考を変えることにつながった側面を考慮すべきだと強調している。グリーンの論文から半世紀近くがたとうとするいま、改めてこの結論に立ち返ってよいのではないだろうか。

3　ブロカとパリ人類学会

ダーウィンの主著が刊行された一八五九年にはもう一つ、科学史に残る象徴的な出来事があった。パリ人類学会の誕生である。この世界初の人類学会を創設したのはフランスのポール・ブロカ(一八二四―一八八〇)。外科医で動脈瘤や腫瘍の研究を専門としたブロカは、解剖学にかかわりつつ、脳の探究にも邁進した。大脳にはブロカにちなんでブロカ野(ブロカ中枢)と命名された部位があるが、ブロカは失語症患者に対処するなかで、この部分が損傷を受けると発話が困難になることを突き止めたのである。

ブロカの解剖学や脳の探究は、従来からの人間の探究と呼応するものだった。本書でもこれまで、異なる人間集団に関する考察から、人間の分類を手掛けた研究者たちに言及してきたが、その多くが人体のありようを重視していた。ブルーメンバッハやガルは頭蓋骨の形状を根拠にした。キュヴィエは解剖もした。ブロカはそれらの系譜の上に、形質人類学発展の大きな礎を築いた。

種々の学会にメンバーとして名を連ね、一八六六年に医学アカデミー会員になった後も、ブロカは人類学博物館の創設、『人類学雑誌』の創刊、パリ人類学学校の設立に携わるなど、めざましい活躍をしている。人類学の分野でブロカが手掛けたことは多岐にわたる。人間の起源、異なる人種の形成、人間の改良可能性、知的・精神的・社会的態度の相違、等々のほか、人間に近い動物と人間との共通点や相違点、さらには最も高度な猿と最も劣位の人間との間の距離など、過去に人種分類を試みた研究者たちと関心は大きく重なっている。

　学会創設後のブロカは、身体計測による数値化に精力を費やした。とりわけ励んだのは、やはり頭蓋骨の計測である。測るにあたっては、容量の大きい方が優秀であるという前提があり、そうした前提に立った結論は、従来の肌の色による人間の序列化を補強することにつながった。人間の序列化に新たに科学の衣をまとわせたのである。当然にしてブロカの計測は、予期した通りの結果を得られないことも多々あった。その場合にはブロカは、さまざまな条件を加味し

4–1　頭蓋骨を調べるポール・ブロカの像(20世紀初頭の絵葉書)．生まれ故郷ジロンド県サント＝フォワ＝ラ＝グランドの広場にあったが，ドイツ占領下の1942年3月20日，ドイツ軍から金属の供出を求められ，このブロンズ像は撤去・溶解された

て数値を操作し、最終的に期待された優劣の序列が変わることはなかった。

そのような「実証」を重ねたブロカの一つの結論は、頭蓋骨の計測で得られた数値が人間の知的優劣を示すこと、さらには知的能力には人種ごとの特性があり、それは遺伝するということだった。こうした見解は当時の人類学の教科書に載り、医学事典にも記載された。ブロカの立場は、第三章で言及したアメリカのモートンの考えに合致するものであり、その弟子のノットやグリドンらの見解をフランスに精力的に紹介する役目もブロカは担った。ブロカも当初は彼らと同様に多元論だった。

ブロカはゴビノーの言うような、フランス社会の退化という考えに与《くみ》しなかったし、金髪碧眼の人の特別視も否定した。要するにゴビノーのようにゲルマン人に高い評価をしなかったのだが、それでも人種の間は不平等だというのがブロカの、そして人類学の結論であった。ブロカの身体計測によれば、女性が男性より劣ることも「証明」されている。

ブロカの同時代に、人類学会の姿勢を正面から批判した人物がいたことも記しておこう。ハイチの政治家で人類学者のアンテノール・フィルマン（一八五〇―一九一一）である。政治的理由で渡仏してパリ人類学会の会員ともなっていたフィルマンは、一八八五年に『人種平等論』を刊行した。七〇〇ページ近いこの書は、即座にゴビノーの『人種不平等論』を想起させる。

ただし「人種は平等」だという結論を導くこの書は、ブロカをも念頭に置いていたとみるべ

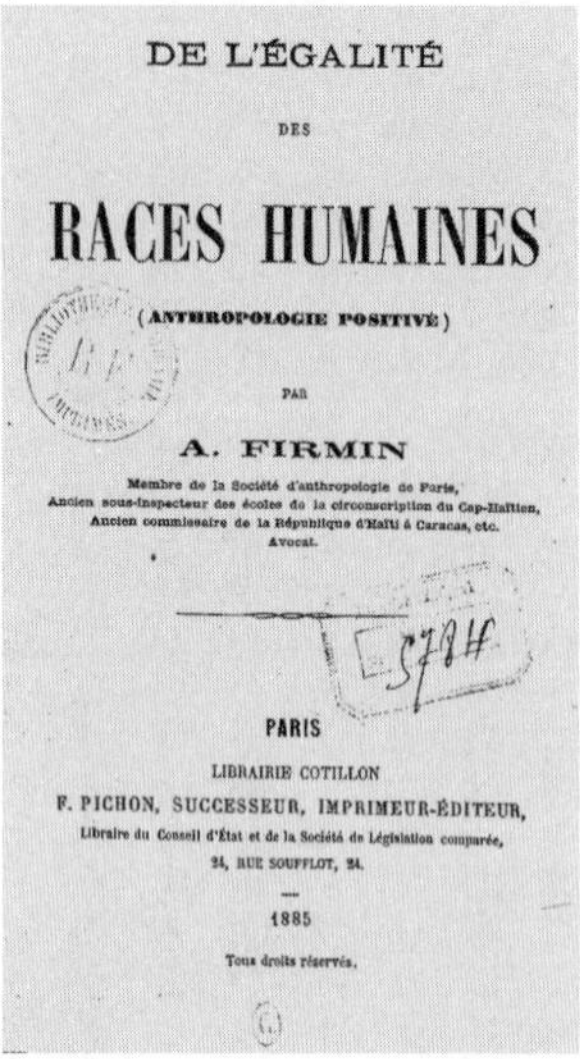
DE L'ÉGALITÉ

DES

RACES HUMAINES

(ANTHROPOLOGIE POSITIVE)

PAR

A. FIRMIN

Membre de la Société d'anthropologie de Paris,
Ancien sous-inspecteur des écoles de la circonscription du Cap-Haïtien,
Ancien commissaire de la République d'Haïti à Caracas, etc.
Avocat.

PARIS

LIBRAIRIE COTILLON

F. PICHON, SUCCESSEUR, IMPRIMEUR-ÉDITEUR,

Libraire du Conseil d'État et de la Société de Législation comparée,

24, RUE SOUFFLOT, 24.

1885

Tous droits réservés.

4-2　フィルマン『人種平等論』（1885年）

きだろう。フィルマンは、計測値から論理的に考えれば、優れた人種と劣った人種という分類システム自体が成り立たないとする。脳の重量は、何ら民族ごとの相違と関連性がないというのである。フィルマンの著書の副題が「実証的人類学」であるのは示唆的である（長谷川一年「ゴビノーとフィルマン」）。

いわば学会内部からのこうした批判が受け入れられることはなかったが、少なくとも、ハイチ出身の黒人研究者が学会で活動をする余地はあったといえようか。ここには劣位に置かれた人間に関して、集団としては認めないが秀でた個人は許容する力学が作用しているように思われる。

今日では、ブロカやパリ人類学会が象徴する形質人類学の考えが通用しないのはいうまでもない。その契機はいつ訪れたのだろうか。歴史家アルノ・ナンタによれば、それはクロード・レヴィ＝ストロースがユネスコの依頼で執筆した『人種と歴史』（一九五二年）で形質人類学を批判したことによる。ところがこれ以降、人類学界においては、形質人類学が存在しなかったかのように人類学史を語るのが主流となる。一九九〇年代に刊行された複数の人類学(史)事典では、形質人類学に関する基本的な記述は削除・矮小化されている。のみならず、二〇〇四年にラウトレッジ社から出版された英語版では、ブロカをはじめ形質人類学に関する項目がすべて削除されたというのだから、驚きである(「ポール・ブロカの形質人類学の前提」)。筆者もかつて図書館で調べ物をした際、多くの項目がこの事典にないのを不思議に思ったのを覚えている。その理由はここにあった。

4　遺伝と優生学

ところでここまで遺伝という言葉を断りなく使ってきたが、次に人種をめぐって重要な要素である遺伝を取り上げよう。これまで述べてきたように、従来から人種分類の際に身体的特徴が子孫に受け継がれることは認識されていた。松永俊男は遺伝の観念の誕生に関して、遺産相続を表したフランス語 hérédité が一八三〇年代には「遺伝」の意味で使われるようになったとする。フランス人医師のプロスペル・リュカ(一八〇八―一八八五)の遺伝に関する著作が国境を越えて読まれた結果、英語でも一八六〇年以降に heredity が遺伝を意味する言葉として広がったという(「遺伝の観念の誕生、およびメンデル再考」)。

遺伝の考えは、社会のさまざまな現象の説明に使われていく。イタリア人チェーザレ・ロンブローゾ(一八三六―一九〇九)による犯罪人類学はその一つである。犯罪者の多くが、遺伝によって生まれつき犯罪者になることを運命づけられているという考えで、一八七〇年代に唱えられた。「生来的犯罪人説」として知られるものである。とくに隔世遺伝によるとの主張だが、その精神的欠陥は身体的特徴としても現れるとの考えから、ロンブローゾもまた頭蓋を主とした身体計測によって自説を「実証」しようとした(ピエール・ダルモン『医者と殺人者』)。

こうした考えは人の資質を系譜で決めつけるもので、今日通用しないのは当然のこととして、当時においても社会学や精神医学、そしてそもそもの人類学など多くの分野から批判を浴びた。しかしこの説は、いうなれば負の要素が遺伝することに着目している。その前提に立つなら負の要素は系統的に誰に現れるかは予測可能であり、除去することができるとも考えられる。相前後して唱えられたのが優生学だった。

優生学の創始者はフランシス・ゴルトン(一八二二―一九一一)。ダーウィンの従弟だったゴルトンは、指紋による鑑別で累犯者を同定する手法を編み出した人物である。植民地インドでの試行錯誤から体系立てたものだった(渡辺公三「近代システムへの〈インドからの道〉」)。

さまざまな社会問題を前にゴルトンは、社会への「不適者」の増加を抑制するのが国家の役目だと主張していく。自然選択の作用に任せていては、不適者が簡単には排除しきれない。不適者はおよそ貧しい下層の人びとと同一視されたが、貧乏人は子だくさんというのが一般的な認識だった。劣等な人間が増加すれば、民族の退化につながりかねない。国家はそうした状況に積極的に介入し、最適者こそ増えるように仕向けなければならないというのが優生学の思想である。本章冒頭で述べたように、当時は近代国家の形成が進められる一方で、貧富の格差や階層差を超えて国民意識をもつことは、さほど自明ではなかった。優生思想が広まる下地は十分あったと考えられる。ちなみにダーウィンは、現実社会への適用には懐疑的だったものの、優生思想自体には同意していたという（松永俊男『チャールズ・ダーウィンの生涯』）。ゴルトンが優生学（eugenics）という言葉を作ったのは一八八三年だが、一八六九年には『遺伝的天才』ですでに自説を展開している。

こうして遺伝という考えに基づいた多様な説が出されたわけだが、遺伝そのものは科学的に証明されていたわけではなかった。ダーウィンの論も、獲得形質が遺伝することが前提だが、まだ遺伝の仕組みは解明されていなかった。

遺伝学は、その後、メンデルによって成立したというのが通説である。「メンデルの法則」は誰もが学ぶところだろう。現在のチェコのモラヴィア地方に生まれ、修道士であったグレゴール＝ヨハン・メンデル（一八二二―一八八四）は、性質の異なるエンドウマメを交配させ、それぞれの形質がどのように後の世代に現れるかという実験を通して、遺伝の法則を見出したとされる。しかしメンデルが「植物雑種(Pflanzenhybriden)の研究」(一八六五年)として発表した実験結果は、同時代に研究者の目に留まることはなかった。それが三〇年以上も経た一九〇〇年に再発見され、そこから遺伝学が築かれていったのである。

これに対して近年、「遺伝学の祖メンデル」というのは神話だとする見解が唱えられている。メンデルの実験は伝統的な植物の雑種(交配)の研究であり、遺伝の論文ではないというのである。先に引いた松永は議論の現状を紹介するなかで、メンデルはかけ合わせによる新種の形成を主張し、ダーウィンのような進化論を否定したと指摘する。さらに、仮にメンデルが遺伝学誕生のきっかけとなったとしても、遺伝学が特定の個人に始まるとみなすと、遺伝学史が単純化されると危惧している。

今後、このような新たなメンデル像が支持されることがあるとしても、再発見された当時は遺伝の法則が確認されたと受け止められたのは確かである。そのことがそれまで机上で論じられていた人種論なり優生学なりに大きな根拠を提供することとなったという重要性が変わることはないだろう。科学の裏付けを得た遺伝は、優生政策をはじめ、人間社会にさまざまに応用されていくこととなる。

5 クレマンス・ロワイエの事例から

優生思想への加担は意外なところからも起きた。女性の劣性を確認したパリ人類学会で、ブロカの逝去まで唯一の女性会員だったクレマンス・ロワイエ（一八三〇—一九〇二）である。一八六二年に彼女がダーウィンの『種の起源』の仏訳を公刊したことが、一八七〇年の入会につながった。人類学や生物学を専門とせず、哲学を独学で学んで女性の地位向上のために闘った女性でもある。女性を対象に哲学の教室を主宰するといった実践のほか、当時タブー視されていた女性の性にかかわる発言にも臆することはなかった（ジャン＝クロード・ワルテル「パリ人類学会」）。

4-3　クレマンス・ロワイエ

実はロワイエの訳業には、当時から訳語の選択の誤りや不適切さが指摘されていたのだが、訳業以上に物議を醸したのは、翻訳の初版に寄せた彼女の長大な序文であった。キリスト教神学、平等の精神、社会主義のユートピアなどを批判し、強者が弱者の、知者が愚者の、健やかな者が退化した者の犠牲となるような社会が告発される。生来、人間は不平等だというのである。不平等は社会のなかにもあるが、人種間の不平等以上に明らかなことはないという。人種は明確に区別されるものでないと認めつつ、大半がチンゴル人と黒人で、インド＝ゲルマン人がわずかしかいない民族に対して、政治的市民的平等を宣言するにはよくよく熟考すべきであるとも記している。

ダーウィンがどのような思想をもっていたのであれ、ロワイエは『種の起源』の内容を超えて、自らの見解を序文で展開した。この点では論者の見解は一致している。彼女自身は自説を補強する証拠として、ダーウィンの翻訳を手掛けたと述べているのだが。

ロワイエは多くの著作ものしている。『人間と社会の起源』（一八七〇年）では、ヨーロッパ外の人びととの混血は退化につながる非道徳的な行為だとみなし、植民地拡張は種の進歩と優れたものの決定的勝利には必要だとも主張している。当否はあろうが、ロワイエには今日、フランスで最初の社会ダーウィニストで優生学の支持者、あるいは進歩に適さない劣った人種の支配や抹殺を容認する生物学的人種差別主義者、といった評もある（クロード・ブランケルト「フランス科学の底辺」）。

ここでロワイエの差別的なまなざしを俎上に載せたいわけではない。彼女の生きた時代がまさにそうした精神に彩られていたのであり、彼女個人の資質に帰してことが終わるわけではない。彼女の事例から考えるべきことは、ほかにありそうである。

何よりも、人類学における研究の結果、劣等とされた女性自身が、異なる基準に則って同じ社会のメンバーや、異なる社会の構成員を蔑視する視線をもっていたことには注意すべきだろう。この時代、白人の、すなわち白人男性の優位性は自明視されていたのに対して、有色人や社会の貧困層、そして女性は被差別的な位置づけだった。しかもそれら「下位の」人びとが、同じレベルに置かれたわけではない。彼女は白人として有色人に対して、有産階級として貧困層に対して、自らを上位に置いている。

ロワイエの事例は、差別の受け手である者が、別の基準で切り分けられる別の集団を差別する側に、容易になりうることを示している。それは人種なるものがいくらでも可変的な概念で、複層的に社会に適用されうることを示してもいる。さまざまな基準で不断に切り分けられ、そこに差異が生み出されていくなかで、差別のない社会なるものを作ることの困難は、こうした点にもあると思われる。

第2節　国民国家の形成と人種

1「アメリカ国民」の範囲――南部人種隔離体制の構築

本章冒頭で述べたように、近代国家の形成期には、均質な国民を創出する方向と、異質とみなされた人びとを排除する方向と、二つのことが同時に起きた。それは支配的な者とそれ以外の者という二分法の社会を生み出したのではない。むしろ相違はさまざまなレベルで見出されて国民が階層化され、複層的なアイデンティティが作られた。

そうした点を意識して、ここではアメリカの事例を中心に取り上げたい。奴隷制を国内にもち、なおかつ移民の国として成り立ってきたアメリカに、国民形成にまつわる論点が凝集されていると思われるからである。周知のようにこの時期のアメリカでは、南北戦争を経て奴隷制が正式に廃止された(一八六五年)。同時に、海外から到来する移民の出身地も多様化してくる。そこで以下ではまず、黒人奴隷制の廃止が合衆国憲法修正第一三条で確定して以後の状況をみていくこととしよう。

南北戦争で降伏した南部のいわゆる再建(リコンストラクション)の過程では、紆余曲折を伴いながらも、一八六六年には市民権法(公民権法)が成立した。奴隷制廃止をなしとげた共和党の主導で、すべての人の平等を唱えた独立宣言の精神に立ち返るべきだとして、劣っていると考えられていた黒人の解放民にも市民権を認めたものである。異なる立場から覆されないよう、この市民権は憲法修正第一四条として憲法にも明記された(一八六八年七月発効)。実際に黒人たちは、種々の選挙で投票に出向くのである。一九六〇年代の公民権運動にのみ気を取られていると、こうした過去があることには改めて新鮮な感をもつだろう。

しかし、このようなリベラルな状況を受け入れない勢力も根強かった。市民権法成立の翌月に白人至上主義のクー・クラックス・クラン(ＫＫＫ)が結成されたのは、そうした雰囲気を映し出すものである。黒人の投票を阻止すべく、選挙の不正や暴力が渦巻いた時代でもあった。黒人だけでなく、この種の政策を進めてきた南部共和党員の投票が実質的に妨害される事態も起きていた（上杉忍『アメリカ黒人の歴史』）。

白人と有色人を区別しない「カラーブラインド」な政策は、一八七〇年代には終焉に向かう。一八七四年の中間選挙で民主党が下院の過半数を占めると、共和党は南部の安定のために白人支配層と結ぶ方向に舵を切り、一度は市民として受け入れられた黒人は見捨てられていくのである。元奴隷の黒人たちは、実に何もない状況におかれた。抽象的な自由は得たものの何らの補償も手にしなかった彼らは、解体されずに温存されたかつてのプランターの大土地所有のもとで、過酷な労働に従事することを余儀なくされた（本田創造『アメリカ黒人の歴史』）。並行して黒人差別を容認する法制度が次々と整えられた。

一八六九年二月には憲法修正第一五条が提案されている。これは「人種、肌の色あるいは過去の隷属の状態を理由」とする選挙権の制限を州の権限で設けることに歯止めをかけるものだった（一八七〇年三月発効）。しかしこの修正条項自体が、逆説的に市民の範囲を狭める諸法の制定につながったとする見方もある。肌の色では区別しないものの、人頭税支払いの有無や読み書きテストなど異なる指標をもとに、誰が合衆国市民にふさわしいかが制度化され、黒人は選挙権を奪われていくからである（貴堂嘉之『南北戦争の時代』）。選挙権の剝奪は、黒人が「アメリカ国民」という範疇から排除される事態を象徴している。

連邦最高裁判所の判決も、黒人差別の根拠を次々と作っていった。一八七五年には新たな市民権法が制定され、一部を除いて公共の場での人種隔離が禁止されたが、一八八三年に最高裁判所は前述の憲法修正第一四条についても骨抜きとなる判断を下し、市民権法も否定された。さらに一八九六年、ルイジアナ州の列車内における黒人隔離に関する判決で、「隔離しても平等」なら差別ではないという原理が確立し（プレッシー対ファーガソン事件）、黒人の差別や隔離は法的な裏付けを確保するのである。なお、この件の被告のプレッシーは白人との混血だが、黒人扱いであることについては混血の項で言及する。

こうした厳しい黒人隔離体制をみると、あたかもアメリカが差別的社会で、これほどの先鋭な制度をもたなかったヨーロッパは、人種問題に寛容だと思われるだろうか。黒人蔑視のまなざしに、アメリカとヨーロッパで大差はない。ただ、すでに述べたことだが、アメリカは黒人奴隷制を国の内部にもった。南北戦争の結果、アメリカで解放された黒人の数は四〇〇万人にもなる（上杉忍『アメリカ黒人の歴史』）。これほどの数の異質とみなされた人びとが自分たちと同じ市民になることへの忌避感、あるいは恐怖感は、奴隷制を外部にもち、奴隷制廃止後も解放された者たちが押し寄せる事態にならなかったヨーロッパとは、大きく異なっている。差別的まなざしや制度が構築された背景にいかなる歴史の積み重ねがあるのか、見極める必要があるだろう。

2　移民の制限へ

アメリカに関しては黒人問題に焦点が当たりがちだが、ほかにも差別の対象となったマイノリティがいた。女性が男性と同じ市民とみなされなかったのは、アメリカに限ったことではないが、ここではいくつか異なる側面を整理しておきたい。

はじめに先住民である。ヨーロッパからの移民が増えるにつれて、彼らは抵抗を続けながらも土地を奪われていった。一八三〇年代には、西部への移住を強制され、いわゆる「涙の旅路」に向かうことになる。その過程では多くの死者も出た。移住を拒むと武力が加えられた。南北戦争の間も先住民への抑圧は続いた。一八六四年にはコロラド地方で、北軍が無抵抗の人びと一〇〇人以上を無差別に殺害する事件が起きている。一世紀後の一九七〇年に『ソルジャー・ブルー』として映画化もされた「サンド・クリークの虐殺」である。先住民の歴史を綴った清水知久は、北軍の勝利で奴隷解放となる南北戦争も先住民との戦いを含んでいたのであり、そうした側面を抜きにしては、南北戦争の全体を捉えることは困難だと記している（『増補　米国先住民の歴史』）。

南北戦争後の混乱が落ち着いて黒人隔離体制ができてくると、連邦軍は先住民との戦いに集

4-4　カーライル・インディアン実業学校（ペンシルヴェニア州）におけるアパッチの子どもたちの強制的同化（1886–1887年）．（上）入学時，（下）その4カ月後

中する。西部のフロンティアも消滅する一八八〇年代末、力尽きた先住民は、この後は「同化」の旗印のもとに文化を奪われ、「被保護者化」の名目で囚人化される状況へと陥った。先住民にとっても、憲法修正第一四条は絵に描いた餅だった。彼らが市民権を得るのは一九二四年。米西戦争（一八九八年）や第一次世界大戦（一九一四―一九一八年）などへの参戦も余儀なくされ、勇士としての貢献が認められてからだった。

ここに黒人の関与もあった。黒人は独立戦争を含め、アメリカのほぼすべての戦争に駆り出されてきた。南北戦争にはおよそ一八万人が参加している。この戦争を経て解放された黒人は、正式に入隊の「権利」を得た。兵士になることは、生活の安定や社会的上昇につながると考えられた。南北戦争の終結から二世代ほどの間に入隊したのは、二万五〇〇〇人あまり。「バッファロー・ソルジャー」と呼ばれた彼らのなかには、異なるマイノリティである先住民制圧の戦いに加わった者たちもあったのである（ウィリアム・ローレン・カーッ『黒い西部』）。

ところで先住民が土地を奪われる要因となったヨーロッパからの移民はどのような状況にあったのか。黒人が一枚岩でないのと同様、ヨーロッパからの移民、つまり白人と呼ばれる人びとも一様ではなかった。他のマイノリティに対しては利害をともにしたものの、白人の間における出身、出自による階層化は、入植先のアメリカでも起きた。よく知られているように、アメリカではプロテスタントが入植者の主流であり、アイルランド系やイタリア系など、カトリックは低い位置づけだった。ユダヤ系も同様である。

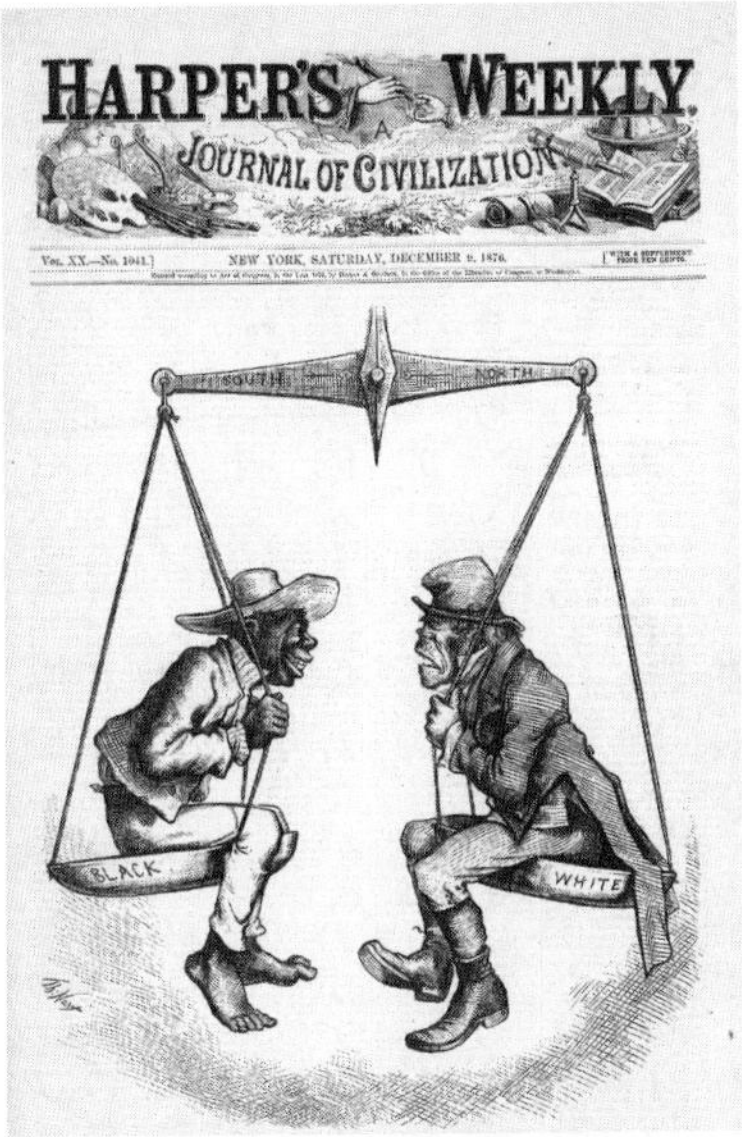

4–5　『ハーパーズ・ウィークリー』(1876年12月9日号)に掲載された黒人(左)とアイルランド人(右)を同等とみなす戯画．アイルランド人の方が猿に似せて描かれている

なかでもアイルランド人は、そもそもイギリスの支配下ではいわば二級市民扱いで、その同じ構造がアメリカにももち込まれた。彼らは新聞の風刺画などで「猿」で表象されることもあった。要するにアイルランド人は「白人」扱いされていなかったのである。誰が「白人」の範疇に入るのかは、自明ではなかった。

移民のなかで、法的にも排除されていくのがアジア人である。最初の標的は一九世紀後半に急増した中国人だった。一九世紀の中国は、アヘン戦争に代表されるいわゆる「西洋の衝撃」で、大きな変容を被っていた。銀の暴騰をはじめ社会経済的な打撃で困窮する者も急増して、人口の押し出し圧力は高まった。片やアメリカ側の事情をみると、一八四八年にカリフォルニア州のサクラメント渓谷で金が発見され、ゴールドラッシュが起きたことは、労働者受け入れの大きなきっかけとなる。鉄道建設などの労働力も必要とされた。

加えて、中米や南米を含めアメリカ世界でのプランテーションにおける黒人奴隷制が徐々に廃止されるにつれて、各地で奴隷に代わる新たな労働力の必要性が生じた。そこに多くの中国人が渡ることになる。そのルートは「苦力《クーリー》貿易」とも呼ばれた。移住したなかには、奴隷と変わらない過酷な環境に置かれるケースもあった。流出した中国人は、四四〇万人にのぼるとされる(貴堂嘉之『移民国家アメリカの歴史』)。

こうしてアメリカでも急増した中国人を取り巻く状況を整理するなら、まずは奴隷制廃止という時代のなかで、アメリカでの労働は自由であることが強調され、一八六二年に苦力貿易が禁止されている。他方でカリフォルニアなどに到来する中国人労働者については、自由意思に基づくもので苦力とは異なるとされたのだが、過酷な労働を余儀なくされたことに変わりはなかった。そして南北戦争後のカラーブラインドな政策が人種隔離へと傾いていくと、黒人のみならず中国人も差別の対象になっていく。

一八八二年に成立した排華移民法では、中国人移民の受け入れの一〇年間停止に加え、中国人は「帰化不能外国人」とされて帰化が禁じられた。出自によって、帰化の可否が左右されたわけである。さらに一九〇四年には、中国人移民は無期限の停止となった。法廷闘争で権利を勝ち取る者がいる一方、アメリカを去る者もあった(同前)。

二〇世紀に入ると駐米公使や在米中国人の活動により、排華の動きは沈静化の方向に向かう。それでもたとえば、従来から存在していた異人種間結婚禁止法(後述)に基づいて、アジア系との婚姻を禁じる規定を採択する州は増え、一八六九年に五州だったものが、一九三九年には一五州にまでなった(貴堂嘉之『アメリカ合衆国と中国人移民』)。排除される者の存在は、他の理由で排除される者たちに影響を与える。先にアイルランド系への差別的状況を記したが、ここでも差別を受ける者同士が共闘にいたったわけではない。アイルランド系は、より下位に位置づけうる者を足場に「白人」として社会的上昇を図ろうとするのである。次節で述べるように、そうした変動は人種論のなかにも表現されていくこととなる。

人の移動が激しい時代において、誰を国民とするのか、移民国家アメリカの内実は不断に揺れ動きつつ、基準は徐々に厳しくなっていったといえるだろう。そして排華移民法と同じ一八八二年に成立した一般移民法では、精神障碍者や知的障碍者の流入が制限されたことも記しておこう。そこには移民の制限が優生政策と呼べるものであることが、端的に示されている。

他方、やはり優生政策である婚姻の禁止は、異なる要素、あるいは異なる社会的位置づけの者たちから、いわゆる混血の子どもが生まれるのを阻止しようとすることである。混血にはどのようなまなざしが向けられていたのだろうか。前章でみたように、人種論では混血は蔑まれる場合が多かった。いったんアメリカの文脈を離れ、時代を遡って議論を整理してみよう。

3 人種論のなかの「混血」

まず言葉についてだが、混血という呼称自体、問題をはらむものである。「混じっている」という表現が、本来は存在しない「純血」を想定させる。しかしこれに代わる適切な言葉もないため、冒頭でも記したように、本書でも混血を使っている。

はじめに言葉の歴史を概観しておこう。欧米語には複数の単語がある。ラテン語起源からヨーロッパ各国語に入ったメスティーソ(スペイン語 mestizo)などの言葉は、アメリカ先住民とヨーロッパ人の混血を意味している。数の上で多い白人と黒人の混血はおそらくはラテン語起源で、ポルトガル語やスペイン語のムラート(mulato)から、各国語に派生した。ムラートは、もとはロバと馬をかけ合わせたラバのことである。ラバが子孫を残せないことは知られていよう。またラバなどの動物の解説に添えられる「ハイブリッド」という言葉もラテン語起源で、技術用語としてよく目にするが、もとの意味は異種の動物のかけ合わせである。辞書には「雑種」という訳語もみえる。今日では転じて、複数性を示すプラスの意味で使われることが多いのではないか。

一九世紀の人種論では混血は否定的に評価されていたが、それ以前の社会における位置づけは固定的ではなかった。たとえば黒人奴隷制が導入されたアメリカ世界で、当初から混血が忌避されていたわけではない。初期のころは、奴隷として生まれた混血の子どもたちが、ある年齢で自由になる地域もあった。

混血への忌避感は、時代を下るにつれて顕著になる。ピエール＝アンドレ・タギエフは自身が編んだ『人種主義史批判事典』で、一九世紀半ばから二〇世紀前半に出された「混血嫌い《ミクソフォビー》」の主張を三点に整理している。第一に、人間の間で同質化が起こることである。異なっているはずの個々人が凡庸で変化のない者たちとなり、それは退化につながると同時に、民族的には大混乱《カオス》に陥る。第二に、本来異質で両立しないはずの遺伝的性質が混ざるために、不安定で調和を欠いた個人が生まれる。これはそもそも自然に反しており、身体的欠陥や精神的錯乱を招く恐れもある。第三に、すでに触れた点だが、混血が子孫を残せないとされたことだ。そのため混血には種を永らえようとする考えがないので、一時的な快楽に浸るのみで、混血が増えれば人類は終焉に向かうことが危惧される。

以上は誤った考えである上、ステレオタイプの思考や恐怖が入り混じっているとタギエフは言うのだが、その恐怖には、人類の退化や消滅という遠い将来よりは、もっと身近に感じるものもあったのではないだろうか。

たとえば、時代が少し遡るが、カリブ海の仏領サン゠ドマング(現ハイチ)在住だったフランス人、メデリク゠ルイ゠エリ・モロ゠ド゠サン゠メリ(一七五〇—一八一九)には、詳細な分類がある(『仏領サン゠ドマングにおける地勢、身体、生活、政治、歴史に関する記述』第一巻)。白人と黒人、あるいは先住民との混淆の具合から、どれぐらいの割合でもともとの要素が残るかが書き記されている。すなわち、白人と黒人を両親にもつ第二世代の子どもが、その後ずっと白人と(あるいは黒人と)のみ子どもをもったとすると、八世代目には黒人の(あるいは白人の)要素は一二八分の一となり、もう片方の要素がないも等しいほどになるという。

それでは彼らは、白人(あるいは黒人)に分類されるのだろうか。そうではない。延々とかけ合わせの種類を微細に論じた後にこの書が強調するのは、混血は白人でも黒人でもないということだ。有色人や混血という言葉は白人でも黒人でもない者に使われるし、解放奴隷というのは白人でも奴隷でもない者を意味しているというのである。もっとも黒人に関しては、一二八分の八以上の白人の要素があれば混血に分類されるというが、それはもはや社会的には何の意味ももたない数字であろう。

この書の刊行は一七九七年。フランス革命に呼応してサン＝ドマングで黒人奴隷の蜂起、いわゆるハイチ革命が起き（一七九一年）、一七九四年にフランス領植民地で奴隷制が廃止されたすぐ後だった（前述のように、奴隷制はナポレオンが一八〇二年に再建）。奴隷の数は、革命前にプランテーションが大きく開拓されたのに合わせて急速に増大していた。奴隷制廃止で解放された奴隷たちは、法の文言の上では本国人と同じ権利をもつ「フランス市民」となったところだった。モロ＝ド＝サン＝メリの分類は何ら法とは関係ないし、滑稽にもみえるのだが、その執拗な作業には、少しでも黒人の血を受け継ぐ者が自分たち白人の側に入り込まないよう、白人と混血の間を峻別しようとする姿勢が垣間見える。

タギエフも記していたように、混血は見た目の差異をぼかし「均質化」する。言い換えれば、相手が何者か、見てすぐわからない状況である。人間の間に上下が作られている社会においては、それは支配の境界を曖昧にし、上位の者への脅威となろう。そうした境界線上の者の数が増えれば、それだけ社会の脅威感は増し、より危険視されるようになる。モロ＝ド＝サン＝メりの記述からは、本来は異質であるはずの要素が自分たちの間に紛れ込み、ひいては作り上げられた人種秩序が揺らぐことへの危機感が読み取れないだろうか。

白人と混血の間を峻別しようとするまなざしは、アメリカの「血の一滴法《ワンドロップルール》」を思い起こさせる。一滴でも黒人の血が入っていれば、その者は黒人とみなすというものである。ここで話をアメリカに戻してその経緯を追ってみよう。

歴史を遡ると早いところでは、黒人奴隷が増えてくる一七世紀後半のヴァージニア州で、異人種間、つまり白人と黒人の交わりを禁止する州法(異人種間結婚禁止法)が制定されている。その後一八世紀後半の独立を経て徐々に西部開拓が進むと、そうした法を制定する州が増えていった。一九一三年の時点では、三二州で禁止する法律があった(米本昌平ほか『優生学と人間社会』)。

ジェンダーの観点から述べておくなら、歴史的に植民地の白人入植者は概して男性超過の状況にあり、当初、白人男性が黒人女性と関係することは問題視されなかった。母親が奴隷であれば生まれた子も奴隷であり、「動産」を増やすことにつながった面もあるが、要するにまずは白人女性のみが黒人男性との関係を規制された。一九世紀には男女問わずすべての白人に対して禁止されるとはいえ、白人という種を守る使命がまずは女性に課せられた点も見落としてはなるまい(山田史郎『アメリカ史のなかの人種』)。

交わってはいけない対象も法制化されていく。それは血の割合で決められた。ヴァージニア州では一七〇五年の法で、黒人の血が八分の一以上の者が該当するとされた。一八六五年の正式な奴隷制廃止を経て二〇世紀に入ると、一六分の一以上の者、さらには祖先に一滴でも黒人の血が入っている者は黒人だと定められるまでになった。ここにいたるまでに混血という分類カテゴリーもなくなって、混血という曖昧な存在はすべて黒人と規定された。先にプレッシー対ファーガソン事件に触れたが、プレッシーは黒人の要素が八分の一の混血だった（中條献『歴史のなかの人種』）。

すでに述べたように、混血の誕生を防ぐための婚姻の禁止は、アジア系など他のマイノリティ集団にも及んでいた。混血が誰かという問いは、誰を白人とするのかという問いでもあったといえる。その白人が誰かという認識自体は揺らいでいたとはいえ、ヨーロッパから到来する者は婚姻の禁忌の対象ではなかった。白人の間の上下関係を伴いながら、他に対してはその白人が優越する社会制度の大きな一端を、婚姻をめぐる法は支えたのである。

他方でタギエフが記すように、「混血好き《ミクソフィル》」も存在する。異なる要素をもつ混血が増えれば、「人種平等の民主主義」が打ち立てられ、人種間の闘いに終止符が打てるとみる立場である。とりわけ現代社会においては、それは反人種主義の立場表明ともみなされよう。しかし「人種の混淆」に賛成であれ反対であれ、基本にあるのは人種を指標にする姿勢である。結局は人種をめぐる思考が表象のシステムを支配し続けているというのが、タギエフの結論である。

実は先に引いたモロ＝ド＝サン＝メリは、混血女性を高く評価している。それは彼女たちに性的なまなざしを向けてのことである。見慣れない異性に性的魅力を見出すことは、ヨーロッパの植民地では頻繁に起きていたことだが、そうした嗜好は「混血好き」としても現れたといったところだろう。そしてこの背後には先に述べたように、植民地には相対的に白人女性が少なかったこともある。混血女性と交わることをサン＝メリは「必要悪」と記している。それも合わせて考えるなら、「貞淑であるべき白人女性」と「性の対象とされる混血女性」という対比も浮かび上がる。白人男性の目からみれば、両者は同じコインの裏表である。

またタギエフの警句は日本にもあてはまる。今日の日本では、混血と聞くと、全体に肯定的なイメージがあるのではないか。一九七〇年代以降の「ハーフ・ブーム」も指摘される。昨今は多様な出自のスポーツ選手の活躍も注目を集めている。しかし肯定的なイメージと同時に、そうした著名人でも差別の犠牲となっている現実があることも見逃してはなるまい。名前や見かけによる差別は「普通の日本人」からはみえないところで日々起きている（下地ローレンス吉孝『「混血」と「日本人」』）。日本は相対的に均質だという固定観念が、いわゆる人種問題の現実に気づくことを妨げている面もある。

第3節　新たな視角——黄禍論、イスラーム、反ユダヤ主義

1　黄禍論

一九世紀の後半は、海外進出とともにヨーロッパの外にさらに視野が開かれ、異なる基準で異なる人びとが認識されるようになる。同時にナショナリズムの高まりとともに、内側に向けても他者認識が更新されていく。それらを黄色人種、ムスリム、そしてユダヤ人について概観することとしよう。

はじめに黄色人種だが、ヨーロッパにおける議論ではこのカテゴリーはやや影が薄い。序列のなかではおよそ白人と黒人の中間に位置づけられる上、境界が曖昧なだけに広範な地域の人びとが包摂されて、叙述にも幅がある。中国など古い文明への評価と同時に、風貌への蔑視が記されるケースも多い。三分類を基本としたキュヴィエも、黄色人の間の多様性に言及し、古来より文明化された中国人もいるとする一方で、黒人の顔をしたパプア人は最も野蛮だと記している。

それでも一九世紀後半には、黄色人種として私たちが思い浮かべる中国人や日本人が話題となってくる。先に述べたアメリカにおける中国人排除の動きは、オーストラリアなどでも起こるのだが、世紀末にはアジア人への脅威論＝黄禍論がにわかに注目されるようになる。

黄禍論といえば一般には、ドイツ皇帝ヴィルヘルム二世が思い起こされるのではないか。日清戦争(一八九四—一八九五年)における日本の勝利を受けて東アジアの軍事的な脅威感を表現したもので、皇帝は強力に唱えたとされる。しかし「黄禍(yellow peril)」という言葉が彼に由来するわけではなさそうである。『人種戦争という寓話』を著した廣部泉は、ハンガリーの軍人イシュトヴァーン・トゥルの発言が初出だとする。廣部によれば一八九五年半ば、成長するアジアの危険を論じた際に彼が使ったこの言葉が、ロンドンの『タイムズ』紙(六月四日付)に掲載されたのを契機に広まったという。世紀末にこの言葉が急速に関心を集めた背景には、当時のヨーロッパではすでに、東アジアに対する経済的脅威感が高まっていたことがある。

日清戦争に勝利した極東の小国日本に対する警戒から戦後の三国干渉が行われたことや、日露戦争(一九〇四—一九〇五年)における日本の勝利、すなわち白人に対する有色人の勝利の後に黄禍論が大いに高まったことは、これまでも繰り返し書かれてきた。しかし怖れられたのは、単に日本の躍進ではない。とくに懸念されたのは、中国と日本が軍事において共同行動をとることだった。当時の中国は列強に蹂躙《じゅうりん》されていたイメージが濃厚だが、それでも中国は歴史も長い大国であり、広大な市場への期待もあった。何より、いずれ中国が目を覚ませば事は簡単にはすまないとの感をもたれていたし、急速に台頭した日本との連携を危惧する声は小さいものではなかった。

それは文学にも表現された。一九世紀末から第一次世界大戦期にかけて、日中の共同行動でヨーロッパが侵略されることを題材とした小説が数多く書かれている。『中国とヴィクトリア期の想像力』を著したロス・G・フォーマンは、イギリスで多数発表されたこうした作品はアメリカやオーストラリアでも読まれ、またイギリス以外でも同じような小説が書かれたと記している。フォーマンの分析で興味深いのは、イギリス帝国の場合、日本や中国にとどまらず、「黄色」といいながら、最大の植民地だったインドが加味される点である。しかもそこにヨーロッパ内の対立関係も盛り込まれる。たとえば、オーストラリアのケネス・マッケイによる『黄色い波』(一八九五年)では、ロシアが英領インドを攻撃したことで、オーストラリアの防衛が手薄になり、そこに中国の攻撃が起こるという仕掛けである。

その一〇年後には、イギリスのマチュー・フィリップ・シールの手になる同じ題名の小説が刊行された。こちらはインドに端を発する反乱が起きると同時に、日本の工作でドイツが宣戦布告をするという、やはり壮大なプロットである。その後の第二次世界大戦に際し、インドのスバス・チャンドラ・ボース(一八九七―一九四五)が日本と協力した事例に言及しながらフォーマンは、インドがイギリスよりは、日本や中国の統治下に置かれた方がましと考えていた可能性も指摘している。

他方フランスでは、本名の綴り字の組み換え(アナグラム)からダンリ大尉を名乗ったエミール・ドリアン（一八五五―一九一六）による『黄色い侵略』（一九〇四年）がよく知られている。フォーマンも取り上げるこの小説は、まさに日中合同軍が大陸ヨーロッパを侵略・征服するとの設定である。ドリアン自身が軍人であったことは、こうした設定に説得力をもたせただろう。この小説は黄禍論を象徴するものとして、フランスのみならず英語圏でもしばしば黄禍論とセットのように語られている。

周知のように、現実は小説とは違った。日中の共同行動が起こるどころか、日本はヨーロッパと結んだからだ（一九〇二年に日英同盟、一九〇七年には日仏協約と日露協約を締結）。黄禍論で名ざされる側は、別の思惑をもっていたのである。対してヨーロッパが自分より下位と認識する他者と結んだこともまた、きわめて現実的な対応といえる。他者への蔑視がつねに排除として現れるわけではない。まして現実政治の力関係のなかでは、異なる者を利用することはつねに生じうる。

ただし、協力関係の構築が、優劣の認識を覆すことに直接的にはつながらない点も指摘すべきだろう。蔑視する者に凌駕されるなら、彼らへの差別感は、強化されないにしても払拭されることはない。恐怖感が差別感情につながる側面も無視できまい。当然のことながら、協力関係があっても、全面的な信頼関係があるとは限らない。この時期に日中の共同行動を題材とする小説が書かれ続けたのは、そうした心性を反映していよう。

黄禍論そのものは、日中の共同行動が現実化しなかったこともあり、第一次世界大戦を過ぎると影が薄くなったようにみえる。しかし、たとえばアメリカなどでのアジア人排除の状況をみれば、黄色人が「問題視」されなくなったわけではないことがわかる。日本に関しては、汎アジア主義の高まりや対外膨張のさらなる進展を前に、危険視するまなざしはむしろ強化された面もあるだろう。二一世紀の今日、世界に存在感を示す中国を前に、ヨーロッパで黄禍論が改めて注目を集めているのは興味深いが、それはまた別の物語になる。

帝国主義の時代に「白禍」に言及した人物がいたことも記しておこう。フランスの作家アナトール・フランス（一八四四―一九二四）である。大航海時代以降のヨーロッパの残虐行為が近代文明と呼ばれるものだと揶揄し、われわれヨーロッパが白禍を生み出し、その白禍がいま黄禍を生み出したのだと喝破している（『白い石の上で』一九〇五年）。ただしフランスの批判は、植民地拡張全般に及ぶ。日露戦争に日本が勝利すれば、日本が抑圧者の側となることも視野に入っている。日本では飯塚浩二が論文「白禍と黄禍」（一九六三年）のなかで紹介するなど、何度となく引用されてきた書き物ではあるが、この後の歴史の展開をみるならば、改めてこの時代を考えるよすがとなると思われる。

2 多様なイスラーム観

次にイスラームを取り上げよう。一九世紀、外への拡張を本格化させたヨーロッパは、イスラーム圏へも侵攻する。ヨーロッパとイスラームをめぐっては、対立を軸とする見方が一般的ではないか。歴史を振り返っても、ムスリムによるイベリア半島の征服、一一世紀末に始まる十字軍、オスマン帝国によるヨーロッパへの侵攻などは、ヨーロッパでは脅威を受けた出来事としてまず想起される。たとえば十字軍は、実際には双方の交流が背後で盛んに行われてもいたのだが、二〇〇一年の九・一一後のアメリカがアフガニスタンやイラクに侵攻したとき、いみじくも「第十次十字軍」とも表現されたように、一般にもキリスト教圏とイスラーム教圏の対立を象徴するものと記憶されていよう。近世には相互に奴隷化した歴史があることは、本書でも触れてきた。

他方、ヨーロッパとイスラームの関係史の研究では、対立の歴史ばかりだったのでないことが示されている。たとえばムスリムに支配されたイベリア半島(アンダルス)で八―一〇世紀ごろに製造された貨幣が、フランスやイギリス、あるいはスカンディナヴィアやポーランドなどで見つかっているのは、交流の証である(アンリ・ロランスほか『ヨーロッパとイスラーム』)。

一八世紀には『千一夜物語(アラビアン・ナイト)』が英語などヨーロッパの言語に翻訳されて評判になった。同じ一八世紀にはモンテスキューが、ペルシャの友人を設定し、その異邦の人物の目を通して自らの社会を風刺する手法をとったことも知られている(『ペルシャ人の手紙』一七二一年)。これはイスラームに中立的なまなざしともいえる。

アラブ世界を専門とするアンリ・ロランスは、比較的ヨーロッパに情報の少なかったペルシャの友人という設定がなされ、最も関係のあったオスマン帝国ではなかったことに注意を促している(『ヨーロッパとイスラーム』)。近世のヨーロッパにとってイスラームといえば、まずそれはオスマン帝国だった。オスマン帝国については、この地に隣接するか否か、侵攻を受けたか否かといった要因もあり、肯定的、否定的、さまざまな見解が多様な立場から伝えられていた。それとは違ってまだ神秘性をもっていたペルシャの友人というモンテスキューの設定は、ヨーロッパ社会への批判を受け入れやすくしただろう。モンテスキューのイスラームをめぐる思想には立ち入らないが、少なくともこのことは、イスラームへの評価がまだ多様だったことを示している。

3　まなざしの変化

ただしその後は様相が変わってくる。それについては、エドワード・サイードの『オリエンタリズム』(一九七八年)が手掛かりとなる。周知のようにパレスチナ出身のサイードは、ヨーロッパにおける東洋《オリエント》研究、すなわち中東から北アフリカにかけてのイスラーム圏の研究であるオリエンタリズム(東洋学)が、実体としてのオリエント研究ではなく、ヨーロッパによって仕立て上げられた、表象としてのオリエントを記述したものだったことを明らかにした。

サイードによれば、一七六〇―一七七〇年代を境にオリエントをめぐる表象は変化していった。とりわけ一八世紀末のナポレオンのエジプト遠征以降、一九世紀のヨーロッパでは、さらなる権威をもった高みからの言説が綴られるようになる。ナポレオンのエジプト遠征は、近世に覇を誇ったオスマン帝国領、すなわちイスラーム圏への侵攻の第一歩でもあった。大西洋の三角貿易が進展し、地中海交易を凌駕するようになると、地中海交易を牛耳ってきたオスマン帝国の経済は衰退に向かっていった。経済が弱体化すれば政治的にも弱体化する。対してヨーロッパは、本書でも述べてきたように、他のあらゆる民族や文化を凌駕するものとしての自己認識を得ていった。力関係の変化は、オリエント認識の変化にもつながったであろう。

エジプト遠征後に興隆する東洋学はほぼ文献学だったが、それは諸言語がインド・ヨーロッパ語とセム語のいずれかに属するという仮説に基づく比較研究だった。第三章で記したように、インド・ヨーロッパ語と対をなすものとして焦点化されたのがセム語であり、言語の分類は人間の分類にも及んでいた。そこで言及したシュレーゲルは、インド・ヨーロッパ人をきわめて高く評価したのに対し、オリエントのセム系の人びとは、異質で劣っていて後進的だと評した。シュレーゲルにとって「良い」オリエントとは、すなわちヨーロッパ人の源流とされた古代のインドのことであり、「悪い」オリエントとは現実のアジアや、北アフリカを含むイスラーム圏のことだったのである。サイードは比較言語学や比較文献学が、人種差別主義を学問的主題の基礎とした分野として際立っていたことを記している（『オリエンタリズム』）。

イスラームへの低い評価は、一九世紀後半にはさらに支配的になる。先に引いたロランスはそれを象徴する人物として、フランスの文献学者エルネスト・ルナン（一八二三―一八九二）をあげている。ルナンは一八六二年、フランスで各学問領域の最高の権威を集めたコレージュ・ド・フランスに、ヘブライ語の教授として就任した。その最初の講義でルナンは、ヨーロッパとイスラームを対比的に並べてヨーロッパ文明を称揚する一方、イスラームは破壊すべきだと述べている。イスラームはヨーロッパの全的な否定であり、狂信にすぎないからだという。

4-6　エルネスト・ルナン

そのようなイスラームは、ルナンによればセム的精神の象徴である。いわく、イスラームは科学の蔑視であり市民社会に反するものだが、それはセム的思考の恐るべき愚かさであり人間の頭脳を偏狭にするものでしかない。ヨーロッパ文明を広めるには、セム的な物事を破壊する

4–7 ダンリ大尉『黒い侵略』（1913年版）

ことこそが重要だ。「未来はヨーロッパにあるのであり、ヨーロッパにのみある。ヨーロッパは世界を征服し、自らの宗教を世界に広めるだろう。〔……〕あらゆる面において、インド・ヨーロッパ人の進歩は徐々にセム人の精神から離れていくことにある」（「文明史においてセム人の占める部分」）。ルナンもまた言語を系統立てるなかから出てきた分類を人間の分類へと転じており、そこに優劣をもち込んでいる。

第三章で述べたように、セム語の話者はキュヴィエなどの人種の分類では白人に含められてきたものの、言語に基づく人間の分類ではインド・ヨーロッパ人（要するに白人とみなされる集団）とは異なる存在だと位置づけられた。一九世紀はイスラーム圏の植民地化が進められた時期でもある。そうしたなかで、もとは白人に分類された彼らが有色人化されたとの指摘がある。つまり彼らを描くときに、肌の色が褐色に描かれるようになったというのである（杉本淑彦「白色人種論とアラブ人」）。それは単に植民地化が進んで見下す視線が強化されたというよりは、現実に彼らセム人は、自分たち白人とは違う集団だとの認識が根づいていったことの、一つの証左でもあろう。

支配下に置いても彼らへの脅威感は払拭されない。黄禍論の項で『黄色い侵略』に言及したが、著者のダンリ大尉ことドリアンは、これに先立って一八九五年に『黒い侵略』を著している。この「黒」は、アフリカの黒人のムスリムをさしていて、彼らがヨーロッパに侵攻するという話である。SF小説家ジュール・ヴェルヌに捧げられたこの作品は、現実離れした想像の世界の冒険譚で、ムスリムへの脅威感が基底にある。黒人奴隷制は海の彼方のことであったヨーロッパだが、イスラームはヨーロッパの戸口におり、黒人の居住するアフリカ大陸にも広まった。ヨーロッパが蔑視する彼らは反抗するかもしれず、その蔑視と脅威が背中合わせであるのはここでも同じである。

4　反ユダヤ主義

この時代のもう一つの重要な要素として、反ユダヤ主義を忘れるわけにはいかない。ユダヤ人は「キリスト殺し」の民とされ、歴史的にキリスト教社会で白眼視され差別されてきたのは言うまでもない。ここで取り上げるのは、「反ユダヤ主義」という言葉がこの時代に誕生したからである。今日、反ユダヤ主義として一般に使われる単語は、直訳すれば「反セム主義

(antisemitism)」である。既述のように、当初セムにはイスラームのアラブ人なども含意されていたが、この言葉とともにセム人＝ユダヤ人に収斂していく。

この言葉の発案者でないにしても、広めるのに大きな役割を果したのが、ドイツのヴィルヘルム・マル（一八一九―一九〇四）である。マルはまず五〇ページほどの小冊子『非宗教的観点から考察したドイツ性に対するユダヤ性の勝利』の著者として知られる。これはユダヤ人に敵対的な書き物で、一八七九年春に刊行されるやベストセラーとなり、その年のうちに一二版を重ねた。同じ年にマルは「反ユダヤ協会(Antijüdaischer Verein)」を創設するのだが、間もなくその名称を「反セム同盟(Antisemitenliga)」に変えた。この団体がそのままの形で発展するわけではないが、新しい名称は影響力をもち、随所で使われていくのである（モシェ・ジマーマン『ヴィルヘルム・マル』）。

以上には、セム人がさすもののみならず、ユダヤ人をめぐる大きな転換が示されている。キリスト教ヨーロッパにおいてユダヤ教徒が長く差別・排斥の対象となってきたことは、第一章で触れたスペインにおけるユダヤ教徒への改宗令などにもみてとれる。しかしこの時代に「ユダヤ教徒」に代えて「セム人」が掲げられたことは、異教徒としてのユダヤ人を敵視するまなざしから、ユダヤ人をセムという一つの独立した人種とみなし、それを敵視するまなざしに転換したことを意味するからである。マルの小冊子のタイトルにある「非宗教的観点からの考察」といった文言も、そうした変化を証するものである。

この時期のドイツは、一八七〇―一八七一年の普仏戦争に勝利して、国家の統一を果たしたところだった。その新体制で市民権がすべての人に認められたとき、そこにはユダヤ人も含まれていた。新たな国家の統一を背景に「反ユダヤ」を標榜する団体が創設されたことは、この思想がまさにナショナリズムの一つの表現であったことを意味している。ナショナリズムの時代にそのような転換が起きたことを、『人種主義、排除、差別事典』を編んだエステル・ベンバサは、「ユダヤ教徒に対する憎しみの政治化と世俗化」と表現している。

ユダヤ人を一つの人種とみる立場が、このときに忽然と始まったわけではない。第三章で紹介したノットも「ユダヤ人種」という言葉を使っている。少し歴史を遡ると、ドイツの国家統一の歩みは、ナポレオン戦争でフランスに占領されたことに始まっている。フランスは革命の過程でユダヤ人解放令を出しており、それに続いて西欧の各地でユダヤ人は解放されていった。ドイツでは、フランス占領下でユダヤ人解放がなされたことになる。レオン・ポリアコフは、このことがユダヤ人解放がドイツで不人気となった一つの理由だと述べている。

4-8　ヴィルヘルム・マル

「ユダヤ人という神を殺したカーストはその解放の直後に「劣等な」人種セムに変えられた」というのである(『アーリア神話』)。

一九世紀後半は、現実にヨーロッパで反ユダヤ主義が昂揚した時期として知られている。一八七三年のウィーン株式市場の暴落に際しては、裏でユダヤ人が操っていると噂された。社会不安を背景に、あるマイノリティ集団にその罪が着せられて差別されることは、歴史上、日本も含めていくつも例があげられる。マルの造語は、たとえばフランスでは『ユダヤのフランス』(一八八六年)を著したエドゥアール・ドリュモンなど、反ユダヤの論客がさっそく取り入れるのである。フランス軍のユダヤ系将校アルフレッド・ドレフュスの冤罪事件が起きたのは、そうした時代の空気を反映してもいる(一八九四年)。帝政末期のロシアでも強烈にユダヤ人排斥(ポグロム)が進められた。映画にもなったミュージカル『屋根の上のヴァイオリン弾き』は当時ロシア領だったウクライナが舞台だが、そうした時代を背景としたものである。

このようななかで、それまでイスラームに象徴されていたセム人がユダヤ人に収斂していくことは、さほど複雑ではなかったようである。本書でもこれまで、インド・ヨーロッパ人とセム人を対比して、セム人を劣等視する物言いが広まったことを記してきた。同時にこの一九世紀後半には、新しい学問においても人種の優劣が社会に前景化していた。先にも引用したタギエフによれば、人種意識が広がるなかで、ユダヤ人への敵視とセム人の劣等性という観念が一体となって、セム人とユダヤ人とが等価なものとされたという(『人種主義史批判事典』)。

当時、イスラームの脅威も感じられたとはいえ、ヨーロッパ各地でムスリムはまだ相対的に少ない時代だった。それに対してユダヤ人は身近だった。ユダヤ人に敵対的な時代のなかで、劣等の烙印を押されたセム人のイメージが、歴史的にも差別の対象だった身近なユダヤ人に重ねられていったと考えられる。antisemitism という言葉を「反セム主義」と直訳するケースも目にするが、この語の原義は「反ユダヤ主義」である。英語やフランス語の辞典にも、これ以外の意味は記載されていない。今日では意図的に何らかの意味合いが加えられる場合もあろうが、このことはここに明記しておきたい。

なお序章で、人種主義的／者という言葉がごく初期に使われた事例に言及したが、それはまさにこの時代に反ユダヤ主義の新聞に掲載されたものだった。

5　チェンバレンとチュートン人

ここで、ナチズムに最も影響を与えたことで知られるヒューストン・スチュワート・チェンバレン(一八五五―一九二七)に触れておこう。イギリス生まれでドイツ文化に深く共鳴し、作曲家ワーグナーのサークルにもかかわった人物である。二度目の妻はワーグナーの娘で、後にはドイツに帰化もした。その葬儀にはヒトラーも参列している。

チェンバレンの思想は主著の『一九世紀の基礎』(一八九九年)に読み取れる。それは反ユダヤ主義、ユダヤ人に対置されるチュートン人(ゲルマン人)の称揚、そして混血の忌避とまとめられよう。チェンバレンはヨーロッパ人全体をアーリア人とし、アーリア人のなかでもヨーロッパ北方のゲルマン人、すなわちチュートン人こそが、ヨーロッパ文明をユダヤ人から救ったとする。チュートン人とは、古代にはユトランド半島の住民をさしたが、近代においてはドイツ北部の住民に使われるようになった名称である。この書はチュートン人の称賛に貫かれている。

その主張を整理するなら、まずチェンバレンはユダヤ人を一つの人種とみている。ユダヤ人がいないのにユダヤ教があるなどはナンセンスである。しかしユダヤ人はもともとユダヤ人だったのではなく、いくつかの型《タイプ》の人びとが混じり合って徐々に生まれたのだという。

ここにはチェンバレン独自の人種観がある。チェンバレンは、人種が所与のものとして存在したとは考えない。高貴といわれる人種も、高貴なものとして天から降ってきたのではなく、果物の木が成長するように、さまざまな歴史的・地理的偶然のなかで少しずつ高貴になるというのである。人種は原初からある現象なのではなく、創出されるものなのだ。その創出には、混淆が必要とされる。それぞれの人種は、複数のものの混淆から純粋なものへと昇華した結果だと考えられている。ユダヤ人は、イスラエルの民(セム人、シリア人など三から四の人間の型の混淆からなる)の一部が徐々に他の人びとから物理的に切り離され、律法の採用とともに人為的に形成されたのだという。ここでいうセム人も、チェンバレンは純粋で自律的な人種ではなく抽象的な存在だという。

　高貴と位置づけられるゲルマン人も、混淆によって高貴な人種になった。チェンバレンは、良いもの同士のかけ合わせがより良いものを生み出すと考えた。それも、ヨーロッパ人という近い者同士の間の混淆が優れた人種となる。中世においてはケルト人と混淆した南ドイツのゲルマン人が、近代においてはスラヴ人と混淆した北方のゲルマン人がドイツの文化を高めてきた。こうして生まれた北方のヨーロッパ人が、チュートン人である。このような高貴な人種が、もしも外部の者と混淆すると、それは不可避的に退化につながるので忌避すべきとされる。混淆=混血という同じ言葉を使いつつ、その違いにチェンバレンは注意を促している。

　これは、古代にあった純粋で高貴な人種が混血を重ねることで退化したという説を唱えたゴビノーと、大きく異なる考えである。チェンバレンはゴビノー協会にも属しており、類似性を指摘する立場もあるが、チェンバレンはゴビノーについて、狭い誤った観点に立っているとの見方を記している。優れた者同士の混淆がさらなる改善につながり、その反対のケースでは劣化するという見解には、当時流布された優生思想が二重写しになるだろう。

6　チュートン人種から北方人種へ

ところで一九世紀後半にはヨーロッパ人のなかでの分類が進み、それが科学界に提示されていく。人種をめぐっては頭蓋の比較研究が進んでいたことを本書でも記してきたが、この時代には長頭型と短頭型が抽出されていた。長頭型は頭蓋骨が前後に長いタイプ、つまり額から後頭部が長いタイプで、短頭型は前後と左右とがさほど違わない丸型をいう。一八四〇年代からこの種の調査を進めていたのが、スウェーデンの人類学者アンデシュ・レツィウス(一七九六—一八六〇)だった。

レツィウスが先駆的だったのは、頭蓋骨や顎の骨の状態から、ヨーロッパ人のなかの分類を手掛けたことである。ヨーロッパ人の分類自体は、前章で述べたノックスの他にも提唱者はいたが、レツィウスは測定によって相違をみえる形にした。

レツィウスはパリ人類学会の会員にもなるのだが、彼の分類は定義も明確でなく、そのまま受け入れられたわけではない。二分法による分類には学会で批判も出された。長頭はゲルマン人に多く、ケルト人は一般に短頭だったことからすれば、そこにナショナリズムがかかわることも想像に難くない。実際、人類学会の長ブロカは、フランス人はケルトに連なるとして短頭型を礼賛し、たとえばゴビノーのようにゲルマン人を評価する立場と対立した。

頭蓋骨の指標である頭指数を基にした研究では、アメリカのウィリアム・リプリー(一八六七

―一九四二)が知られている。リプリーは単一のヨーロッパ人なり白人なりはいないとして、頭蓋骨の形状、髪や瞳の色、体型などから三分類を示した。それらは北方のチュートン人種(長頭で金髪)、地中海人種(長頭で濃茶の髪)、アルプス人種(短頭で淡い栗色)である。一八九九年の主著『ヨーロッパの人種』は、二年後にパリ人類学会の賞を授与されている。分類の当否は問わないが、賞の授与は、ヨーロッパでも自身の分類、すなわち自分たちは誰かというアイデンティティの問題が関心を呼んでいたことの証左であろう。

他方、アメリカのリプリーがヨーロッパ人の分類を試みた背景には、アメリカで東欧や南欧からの移民が社会問題化していたことがある。興味深いのは三分類において、アイルランド人がイングランド人と同じくチュートン人に分類されたことである。前節で、アメリカのアイルランド人が白人の間でも劣位に置かれていたと記したが、新来の東欧や南欧の移民に比して相対的にアイルランド人が格上げされ、「白人」となったわけである。

その後、一九一〇年代半ば以降のアメリカでは、マディソン・グラント(一八六五―一九三七)の活躍があった。専門でない立場から優生学を支持し、移民を人種的観点から管理すべきだと訴えて、大きな影響力をもった人物である。主著の『偉大なる人種の滅亡』(一九一六年)でも、やはりアイルランド人は、イングランド人と同等との位置づけとなっている。それに加えてグラントは、チュートン人種という呼称をノルディック(北方)人種へと変更した。

北方人種という命名については、政治的意図がつとに指摘されている(竹沢泰子「人種概念の包括的理解に向けて」)。グラントは仲間たちと、ゴルトン協会を設立していた。優生学を創始した、あのゴルトンである。アメリカでは一九二四年に成立する移民法が、東欧や南欧からの移民に対し、出身別に受け入れ可能な数を割り当てた。そしてゴルトン協会は、この法の成立に大きく貢献した団体だった。つまりグラントによる「北方」という名称は、排斥すべき南欧や東欧からの移民と、そうではない北からの移民との間の線引きを、言語化するものだったといえる。ちなみに日本や中国など、アジアからの移民を原則禁止としたのもこの一九二四年の法だった。

北方人種という呼称が提唱されたからといって、他の名称が使われなくなったわけではない。人種をめぐる名づけは、それぞれの時代背景のなかで状況に応じて生み出され、それぞれの社会の文脈において使われていく。

チェンバレンに話を戻すと、彼は頭指数に基づく分類は「非科学的」だとして受け入れなかった。数値の大小はヨーロッパ内で混在していたし、たとえばリプリーによれば、アフリカの黒人は長頭型である。チェンバレンが最も上位につけた北方ヨーロッパのチュートン人は、頭指数に基づく北方ヨーロッパ人と齟齬《そご》をきたしていた。ドイツ人の間でも、チュートン人の特徴とされた長頭で金髪の者ばかりではなかった。

チェンバレンによれば、ゲルマン人と非ゲルマン人とを分けるのは頭指数などではない。それは上位の者への忠誠心だった。ドイツ人にふさわしい行動をする者はみな、ドイツ人だというのである。頭指数を非科学的としたチェンバレンが依拠したのは、精神論だった。

そしてこれらの背後には、反ユダヤ主義もあった。リプリーの主眼は、ユダヤ人を地中海人種と位置づけることだった。つまりチュートン人種でないということである（竹沢泰子「人種概念の包括的理解に向けて」）。チェンバレンにおいてチュートン人の称揚は、反ユダヤ主義の合わせ鏡だった。それは次の世紀にも形を変えて、それぞれの社会に顕在化していくのである。

第5章

戦争の二〇世紀に

パンアフリカ会議(1919年2月). W. E. B. デュボイスが設立に関わった全米黒人地位向上委員会(NAACP)の機関誌『クライシス』(1919年5月)掲載の写真. 中央手前がデュボイス

第1節　植民地支配とその惨禍

1　アフリカ人の大量殺戮

二〇世紀は「戦争の世紀」ともいわれる。二度の世界大戦は多くの犠牲者を出した。とりわけ第二次世界大戦ではナチによるホロコーストが起こり、六〇〇万人のユダヤ人が犠牲になったとされる。これを契機に「ジェノサイド(genocide)」という言葉も創られた(一九四四年)。種を意味するギリシア語と、殺すという意味のラテン語を組み合わせたものである。

一九四八年に国連で採択されたジェノサイド条約によれば、ジェノサイドとは、ある集団の全部あるいは一部を破壊する意図のもとに行われる殺害や強制移住などをさしている。しかもそれは、戦時中の行為に限られないと定めている。ヨーロッパの対外進出の歴史のなかにも、結果としてある人間集団を破壊するジェノサイドと呼べる行為があったことは、指摘されるようになってきた。本章では、異なる人を差別する思想から、大量殺戮の実行へといたった時代を取り上げる。それにあたってまずは植民地支配の歴史を振り返り、アフリカに目を向けよう。その後、ナチズム下の人種政策を概観し、最後に、こうして構築されてきた人種秩序に反対する動きを捉えていくこととする。

そこでアフリカだが、アフリカ大陸は一八八〇年代から第一次世界大戦にいたる、いわゆる帝国主義時代にヨーロッパ諸国によって植民地化された。その過程では多くの戦いや残虐行為が繰り広げられている。二〇二〇年には旧ベルギー領コンゴに注目が集まる報道があった。六月三〇日、ベルギーのフィリップ国王が、旧植民地だったコンゴ民主共和国の独立六〇周年に合わせて大統領フェリックス・チセケディに書簡を送り、植民地時代の「過去の傷」について「深い遺憾の念」を表明したのである。この地は一九〇八年から一九六〇年までベルギー領だったが、それに先立つ時期には当時の国王レオポルド二世(在位一八六五―一九〇九)の私有地だった。遺憾の意は私有地時代を含む残虐行為に対しても向けられ、そうした行為の痛みは今日では差別の形をとって、いまだにかき立てられているともした(『ル・モンド』二〇二〇年六月三〇日)。いったい何が起きていたのだろうか。

5-1　コンゴ大統領がベルギー国王を公式訪問(2019年9月17日)

この地が「コンゴ自由国」としてベルギー王室の私有

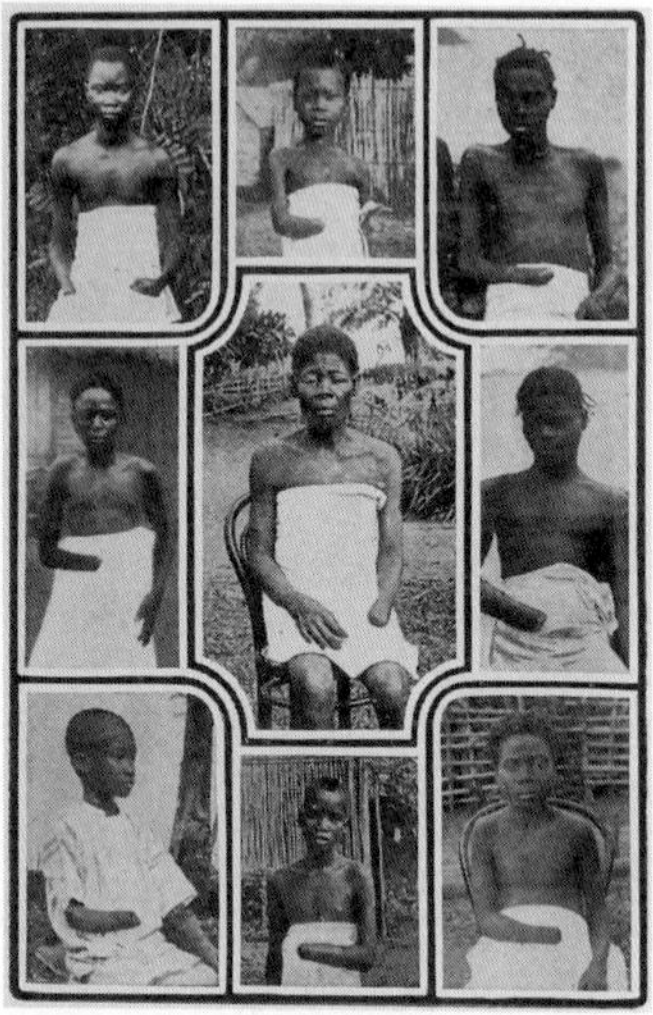

5-2　手を切り落とされた「コンゴ自由国」の人びと．マーク・トゥエイン『レオポルド王の独白』(1905年)より

地となったのは、アフリカ分割のルールを定めた一八八四―一八八五年のベルリン会議においてだった。レオポルド二世は、天然ゴムの農園などで現地人を酷使した。歳入はゴムの輸出に頼っていたので、過酷なノルマが課されたのである。ノルマを達成できない者は手首を切り落とされた。手首のない人びとの写真は、今ではインターネット上にもあふれている。殺害された者の数も膨大だった。レオポルドの私有地だった二三年に及ぶ支配下で命を落としたのは、一〇〇〇万人に上るとされる。ホロコーストの犠牲者数を考えても、きわめて大きな数字である。

この時代のアフリカで人口調査などなかったはずで、誇張した数ではないかといぶかる読者もあるだろう。しかし、コンゴ自由国の歴史を著したアダム・ホックシールドは、同時代の証言などからかなり正確な数字を導けるという。たとえば政府の公式委員会にせよ、行政担当者にせよ、聖職者にせよ、当時、レオポルド時代について調査した者は誰もが、それぞれの村で人口が半減、あるいは少なくとも半減したと報告している。一九二四年の人口調査で、全体の人口はおよそ一〇〇〇万人であった。これが半減した残りの数であるなら、殺害されたのはほぼ一〇〇〇万という数字になる(『レオポルド王の亡霊』)。ホックシールドの書は、現地人がいかに奴隷のように扱われて虫けらのように殺害されたかという事例にあふれてもいる。

5-3 ドイツ軍に捕らえられたヘレロの人びと

二〇世紀初頭には、ドイツ領植民地の西南アフリカ(現ナミビア)においても、現地人が大量に殺害される事態が続いた。支配に対して蜂起したヘレロ、ナマという二つの民族が殲滅されたのである。ヘレロに対しては絶滅命令も出された。ヘレロは一九〇四年からの数年間で、八万の人口のうち八〇%を失ったとされる。犠牲者は、戦闘でのみ生じたのではない。各地に収容所が設けられ、過酷な労働の末に収容者の三―五割が死亡した(永原陽子「ナミビアの植民地戦争と「植民地責任」」)。まさに絶滅収容所の様相である。

以上はいずれも今日では、ジェノサイドとみなされる事例である。とくにナミビアはドイツ領だったため、ナチのホロコーストの前哨戦とみるのか、比較可能かといった議論が続いている。ユダヤ人の大量虐殺は、アフリカという植民地で黒人を対象に実践した延長に位置づけられるか否かという議論である。しかし本章冒頭で述べたように、ドイツ領という枠を離れてヨーロッパの植民地支配の歴史を長期の視点で見渡すならば、ジェノサイドと考えられる事態はさらに膨らむだろう(ロサ＝アメリア・プリュメル＝ウリベ『白人の残忍さ』)。

二〇二一年五月には、ドイツ政府が今日の視点からみればこれはジェノサイドだったと認め、ナミビアに謝罪したとの報道もあった。六年にわたる交渉の結果だった。ただ、虐殺の対象だった人びとはナミビアでは少数民族で、ドイツと交渉したナミビア政府が彼らを全面的に代弁しているわけではない。問題の解決は単純ではなさそうである。(『ル・モンド』二〇二一年五月二九日、六月二日)。

2 起点としての南アフリカ戦争

ヘレロの事例は被支配者の側が一枚岩でないことを示唆するが、事実、植民地は支配者と被支配者の二分法の世界ではなかった。支配者の側をみても、植民地には本国からの入植者に加えて、同じ宗主国の他の植民地や、さらにはその外部から到来する人びともあり、民族構成は重層化されていた。植民地化が早く多様な入植者がいた南アフリカは、それが顕著な一例である。この地では第二次世界大戦後の一九四八年に人種隔離制度であるアパルトヘイトが確立するが、その淵源はこの時期に見出される。しばらくここに注目してみよう。

オランダ領だったケープ植民地は、ナポレオン戦争後のウィーン会議（一八一四―一八一五年）を経て正式にイギリス領となった。新たに到来するイギリス人に対して、すでに入植・定住していたオランダ人（通称のブール人はオランダ語で農民の意味）は、アフリカーナーを自称するようになる。イギリス人とは違ってアフリカ生まれを強調する表現である。彼らはこの地がイギリスの手に渡ると北進し、トランスヴァール共和国とオレンジ自由国を興す。それがダイヤモンドや金鉱の発見といった事態のなかでイギリスとの対立が高まって、いわゆる南アフリカ戦争が始まった（一八九九―一九〇二年）。

この戦争では多くの民間人も犠牲となった。ゲリラ戦を展開したアフリカーナーに対抗するためイギリスは、彼らの農場を焼き払うなどの破壊工作に出た上、民間人を強制収容所に連行したのである。収容された一四万人近い人びとのうち、一九〇一年六月からの一年間で犠牲者は二万七九二七人に上った。戦死者の七〇〇〇人を上回る数である。多くが一六歳以下の子どもで、女性も四〇〇〇人を超えた。まさに生活の場が狙われたことがわかる。この件は南アフリカやイギリス本国のみならず、世界中から批判を浴びた。

白人入植者の対立が発端となったこの戦争は、長らく「白人の戦争」と言われていたが、今日ではそうではない実態が明らかにされている。戦いには一〇万を超えるアフリカ人が、戦闘要員や補助要員として登用されていた。支配される側のアフリカ人が、対立する双方の陣営に分かれて戦闘に加担させられたのである。犠牲者の割合もアフリカ人が最も多かった。強制収容所に収容されたアフリカ人もおり、戦争終結までに収容された一一万五七〇〇人のうち一万四一五四人が落命した。

一九八三年の著作で最初に以上のような実態を明らかにしたピーター・ウォリックは、当初は支配者の側が「白人の戦争」であることを望んだ経緯を記している。イギリス側で危惧されたのは、アフリカ人を兵士として登用すれば、支配者の側の弱みを見せ、黒人に過度の自信、ひいては独立への野心をもたせかねないこと、さらにはアフリカーナーからのイギリスへの反感を高めかねないことなどである。現地のアフリカ人が戦争の「文明化された」手法に従うか否かも懸念材料だった(『黒人と南アフリカ戦争』)。文明化された手法とは何だろうか。

アフリカーナーの側でも事情はさして変わらない。しかも当時、現地の人びとの抵抗はまだ全面的に鎮静化していなかったし、男性が出征して不在となる時期にアフリカ人を武装させるのは、アフリカーナーの社会に好ましくないと考えられた。つまり「白人の戦争」というのは実態ではなく、願望の表明だった。にもかかわらずそうした評価が後世に残ったことは、アフリカ人を視野に入れた歴史が書かれてこなかったからにほかなるまい。

この戦争にはさらに外部からかかわった人たちがいた。イギリス側にはインドも含め、植民地帝国から戦闘員が送られてきた。対して巨大なイギリス帝国と戦うアフリカーナーの小さな入植者集団には、個人レベルで共感したさまざまな出自の義勇兵が馳せ参じた。これらは長期の移住者と異なるとはいえ、南アフリカ戦争は、この地における多様な人の存在とその重層性を凝縮して体現したといえるだろう。

3　人種構成の重層化から人種意識の形成へ

やや戦争に紙幅を割いたが、イギリス側が勝利するこの戦争を契機として、入植者の間に生じた人種意識を考えてみたい。南アフリカには一九世紀末から少なからぬ移住者の流入があった。彼らも含めて分類・序列化がなされ、それに沿って白人に権利が集中する体制の基礎が作られていく。

人口構成が地域ごとに異なることもあって、分類は一律ではなくまだ流動的だったものの、およそ次のようだった。まずヨーロッパ系の白人が特権的な地位に置かれ、それ以外の住民は「原住民(natives)」や「カラード」などに分類された。アフリカの現地人は、ほぼ原住民と位置づけられた。カラードはそれ以外の人びとをさした。オランダ東インド会社時代にケープタウンに寄港したヨーロッパの船員と、会社が設置した「慰安所」の現地女性との間に生まれた混血は、カラードの起源である(峯陽一『南アフリカ』)。当時、奴隷としてアジアから連行されてきた人びとも、またその後の時代に労働者として、あるいは商業活動のために到来したインド系や中国系も、当初はカラードとされた。インド独立の父マハトマ・ガンディー(一八六九―一九四八)は、一九世紀末にはこの地で弁護士事務所を開いていたが、カラードとして差別を受けたことが、インド人としての目覚めにつながったとされる。

肌の色でくくられる人びとの間に、もとから一体感があったわけではない。白人の間でもイギリス系とアフリカーナーが対立していたのはもちろん、そのアフリカーナーの間ですらそうだった。戦争の過程でも地域を越えた連携は起きなかったばかりか、たとえばケープのアフリカーナーのなかには、経済的状況からイギリスに協力する者もあったのである。それでも戦争は、結果としてアフリカーナーの間に結束をもたらした。戦中の被害の記憶はもちろん、対英敗北を前に、たとえば自治や言語の権利などを求める動きは高まっていった。

他方で南アフリカでは、戦争の前後から石炭産業など工業化が進んでおり、それに合わせて白人とアフリカ人の間で職種や賃金などの差異を明確にし、居住地域も制限する立法が相次いだ。そうしてアフリカ人との格差がはっきりしてくると、白人の間では対立を超えて、結束に向けた動きが現れる。アフリカーナーは、戦争を契機にアフリカーナーとしてのアイデンティティを強めた一方で、アフリカ人との対抗関係から、白人としてイギリス系住民との共存を模索し始めるのである(前川一郎『イギリス帝国と南アフリカ』)。それはアフリカ人への差別が固定化され強化されることの、裏返しでもあった。

南アフリカの事例は、ある社会における人間集団の序列化が、初めから無前提に肌の色に基づいて行われるわけでないことを示している。同時に、異なる人間集団の数が多ければそれだけ、人びとは階層化され、差別構造が重層化されるさまも浮かび上がるだろう。そのような状況が第二次世界大戦後のアパルトヘイト体制につながることになる。

ここでユダヤ人についても述べておこう。あまり意識されないことだが、南アフリカにはユダヤ人も到来した。ユダヤ人と一口に言っても、一九世紀半ばに鉱山開発でやってきた者や、後に東欧から来た者など、出身や階層で経済状況も大きく異なる彼らの間に、やはり一体感はさしてなかった。また当初から現地社会で差別の対象だったわけでもない。しかし南アフリカ戦争の頃になると、ユダヤ人鉱山資本家への反感や、貧しいユダヤ人の商行動などへの反感から、ユダヤ人という存在に対して嫌悪感も生じていた。

早くに彼らの存在に注目した永原陽子によれば、一九世紀末には、増加する移民を制限する法を制定する地域も出てくる。その主眼はインド人であったものの、ユダヤ人のなかでも貧しい東欧出身者の場合、インド人と同等に扱われることもあった。また経済面や生活面での「同化可能性」が議論になったときも、ユダヤ人の位置づけは曖昧だった。それが第一次世界大戦を経て、一九三三年にドイツでナチ政権が成立すると、ユダヤ人の移住者が増加し、それがユダヤ人排斥の動きを後押しする。そうではありながら、白人からさまざまな要素を含むカラードを経て黒人にいたる南アフリカの人種の序列のなかで、ユダヤ人は最終的には白人に分類されるのである（「南アフリカにおける「ユダヤ人問題」」）。

仮に白人に分類されても、差別が消えたわけではない。彼らのうちの大半の出身地であるヨーロッパをみても、そもそもユダヤ人が肌の色で差別されていたのでないことは言うまでもない。ヨーロッパの研究者のなかには、人種を肌の色で考えることを戒める傾向があるが、それは長期にわたるユダヤ人差別の歴史が念頭にあるからだろう。

4「黒い恥辱」と「ラインラントの雑種《バスタート》」

二〇世紀半ばまで話が及んだが、ここで少し時計を戻して、第一次世界大戦にまつわる状況をみておこう。史上初めての総力戦となったこの戦争では、戦場はまさに世界中に広がった。イギリスやフランスなど、ヨーロッパ列強がそれぞれの植民地帝国から兵士を動員したのも、世界戦争の一面である。アフリカ大陸では、ドイツの植民地を舞台にイギリスやフランス、そしてベルギーなどが戦火を交え、現地のアフリカ人も大量に駆り出された。前節で述べた南アフリカ戦争は、この大戦のあり方を先取りしていたといえる。

フランスはアフリカ植民地の黒人兵を、ヨーロッパ戦線にも投入した。これはフランスでも小さからぬ論議を呼んだ。フランスは一九世紀にすでに人口が伸び悩み、総数でイギリスやドイツに抜かれていた。戦争が国家の権利であった時代に、これは兵士不足と同義である。軍首脳部は来るべき戦争を念頭に、黒人兵登用の案を提示したのだが、批判の声は大きかった。黒人に助けを求めるような姿勢が受け入れられ難かったからである。また案では、サハラ以南アフリカの兵を北アフリカに移動させ、北アフリカのアラブ人兵士をヨーロッパに投入する方針が示されたが、植民地のアラブ人にフランスの弱さを見せるとの批判もあった。こうした案を知ったフランスの主要敵ドイツからは、白人に対して黒人やアラブ人を差し向けるものだと猛反発が起きた。それでも現実には、アフリカ人はヨーロッパの最前線にも送られた。

このこと自体をどう理解するのかにも議論は残る。植民地出身者をヨーロッパの戦場に投入したことを、植民地の人命を軽んじた行為だとみるのか、平等な扱いだったとみるのか。やはりアフリカ大陸に広大な植民地をもっていたイギリスは、黒人兵をヨーロッパには導入しなかったのだが、それは白人と黒人を同等の扱いにするかのようなことへの反感が強かったからだとされる。しかし視点を変えれば、それだけフランスは兵員不足だったということでもある。実際、黒人兵の兵站《へいたん》での扱いはフランス人と大きく異なっていたことは記しておく。

ここでは大戦後の状況に注目しよう。周知のように、敗北したドイツは莫大な賠償金を課されたものの容易には支払えず、それに対してフランスとベルギーがラインラントに進駐した。その進駐軍に、黒人兵がいたのである。一九二〇年一月時点で、およそ九万人の進駐フランス軍のうち二万人が黒人兵だった(クラレンス・ルーセイン『ヒトラーの黒人犠牲者たち』)。

ドイツではこれに怒りが爆発した。大戦中の独仏の主要な戦場はフランス側に入り込んでいたが、今度は直接的にドイツに黒人兵が送り込まれたからである。この件はドイツでは、敗北の屈辱に加えて「文明化された」自分たちに「野蛮な黒人」をあてがう屈辱を与えるものと捉えられた。熱帯の病が広まるという危惧も昂じて、不満の声は高まった。

一九二〇年夏、同じくラインラントを占領していた英米の調査では、黒人兵の行為として告発された二二七件のうち、認められたのは七二件。なかにはでっちあげもあった。ドイツ政府の指示による調査でも、強姦も何件かあったというが、全体として植民地兵にさしたる苦情があったのではないとの結論が出されている(同前)。

それでもドイツのナショナリスト勢力などが、批判の矛を収めることはなかった。「黒い恥辱」と呼ばれたこの事態をめぐっては、ドイツ各地で抗議運動が繰り広げられたのみならず、国際社会に向けたキャンペーンも展開された。「世界文明への呼びかけ」というアピールには、作家のトーマス・マン、マックス・ヴェーバーの弟で経済学者のアルフレート・ヴェーバー、神学者のエルンスト・トレルチなど、著名人の署名もあった。「黒い恥辱」と題した映画も制作された。これはフランス外務省の介入で連合国がドイツでの上映を禁止したものの、オーストリアやオランダ、さらにはアルゼンチンなどで上映されている。

批判の嵐のなかで、フランスは一九二〇年六月、サハラ以南アフリカ出身の兵士の引き揚げを決定した。翌年秋にはマダガスカル兵、一九二三年にはカリブ海の兵、そしてドイツとの緊張緩和が進んでいた一九二五年には、北アフリカの兵も撤退させた。北アフリカの兵は黒人ではないが、植民地兵であるのに変わりはないとされたからである。こうした措置は、ドイツの主張が正しかったと受け取られる恐れもあるが、外交に支障が出ると考えたフランス政府としては、やむをえないことだった。

ドイツが恐れたのは、やはり血の混淆だった。事実、植民地兵とドイツ人女性の間に子どもが生まれている。その数は二万七〇〇〇人などという大きな数字も出回ったが、実際には六〇〇―八〇〇人ほどだったとされる（カトリーヌ・コクリ＝ヴィドロヴィッチ『ナチズムの忘れられた犠牲者たち』）。それらは娼婦から生まれた子だったり、あるいは黒人兵を恋人にもった女性の子だったりした。背中が黒白の縞模様だったなどの流言もあった。

次節で述べるように、ナチ政権は成立するとすぐに断種法を導入した（一九三三年七月）。劣等とみなされた要素をもつ者が子孫を残さないようにするためで、優生政策の一環である。「ラインラントの雑種」という蔑称で見下された混血の子どもたちは、当初はその対象とされていなかったものの、一九三七年には彼らのうち三八五人に断種が行われた（木畑和子「優生学とナチス・ドイツの強制断種手術」）。黒人兵をドイツに差し向けたフランスへの「復讐」は、その子どもたちに向けられたわけである。

ドイツの復讐はこれにとどまらなかった。一九三九年九月に始まる第二次世界大戦では、やはりフランス軍に参加したアフリカ人兵士がおり、翌年六月にフランスが対独敗北した際に捕虜になった者もいた。彼らはドイツ軍に銃殺されたり撲殺されたりした場合もあった。ジャン＝イヴ・ルナウールは、目をえぐられ耳を切られた者を見たという証言を記している(「ドイツ人、人種主義、植民地部隊」)。後のセネガル初代大統領のレオポール・セダール・サンゴールも参戦して捕虜になっており、彼が殺されなかったのは紙一重のことだったという。

言うまでもなく、ラインラント進駐も、大戦への参加も、黒人たち自身の責に帰せられることではない。しかしドイツの復讐は、まず力の弱い者、つまり権力のない者に向けられて極端な形をとった。状況は異なるが、植民地の人が巻き込まれたという意味では、後に日本の敗戦に伴って、当時の日本植民地出身の軍属などが、アジア各地で戦犯裁判にかけられたことが思い起こされる。

もう一点、「黒い恥辱」に関連しては、パリ生まれのイギリス人ジャーナリスト、エドモンド・モレル(一八七三—一九二四)に言及しておきたい。モレルはこの件が話題になるや、国際的なキャンペーンを率いて精力的にフランス批判を展開した人物である。ところが、先にベルギー領コンゴにおけるレオポルド二世の残虐行為に触れたが、これを国際社会に大々的に知らしめ、ベルギーを糾弾する先頭に立ったのもまた、このモレルだった。

コンゴという、ヨーロッパから遠いアフリカ大陸で起きていることには、倫理的というべき立場から積極的に発言し行動した者が、身近なヨーロッパ内部で起きたいわゆる人種問題には、いわば逆の立場から行動している。異なる存在が身近だと、遠方の他者に対してと同じようには反応しないということだろうか。人種問題なるものがいかにしてどこに起こるのか、重要な論点を提示していると思われる。

さらにつけ加えるなら、ベルギー領コンゴの項でホックシールドを引用したが、彼もモレルの活躍を記して高く評価する一人である(『レオポルド王の亡霊』)。ところが同じモレルが後に関わったこの「黒い恥辱」に関しては、同書ではすっかり沈黙しているのである。歴史書に何を書き残すかという選択に、執筆者の意図は表れているはずだが、ホックシールドの意図、あるいは人種意識はどのようなものだろうか。

第2節　ナチズム下の人種政策

1　ユダヤ人迫害

二〇世紀の人種問題を語るには、ナチズムの時代を外すことはできない。一九三三年一月に成立したナチ政権は、次々と差別的な政策を打ち出していく。まずは反ユダヤの政策について、簡単に経緯を追っておこう。

ナチはさまざまな分野で「アーリア化」を進めたことで知られるが、最初は四月に成立した「職業官吏再建法」だった。この法はアーリア人条項を導入し、非アーリア人の官吏の排除を定めたものである。非アーリアとはユダヤの系統を引く者とされ、両親二人と祖父母四人のうち、一人でも非アーリアであればその者はユダヤ人だとされた。当人はユダヤ教の信徒でなくても、血筋でユダヤ人か否かが決められて排除されることになったのである。

しかしここにはドイツ人との混血が含まれる。それは同時に進められた再軍備と合わせ、誰が兵役の対象となるかという問題も含んでいた。アーリア人条項はその後も議論となり、二年後の一九三五年九月には、いわゆるニュルンベルク法が成立した。「ドイツ人の血と名誉を守るための法」と「ドイツ国公民法」を合わせてこう総称される。「ドイツ人の血と名誉を守るための法」では、ドイツ人とユダヤ人の結婚や性的関係が禁止された。ナチズムでは「劣った」人びととの混血はドイツ人の劣化を招くとして厳しく糾弾されており、それが性的結合の禁止に行き着いたわけである。この法ではもはや非アーリア人ではなく、ユダヤ人と表記されている(ラウル・ヒルバーグ『ヨーロッパ・ユダヤ人の絶滅』)。

これを受けてユダヤ人とは誰をさすのか、キリスト教徒とユダヤ教徒の間に生まれた子どもの問題も含めて、より精緻な定義が試みられる。それが一一月の「ドイツ国公民法暫定施行令」である。この法令では、四人の祖父母のうち、四人か三人がユダヤ人であればユダヤ人(完全ユダヤ人)、二人がユダヤ人の場合は第一級混血(二分の一ユダヤ人)、一人がユダヤ人だと第二級混血(四分の一ユダヤ人)だと定められた。第二級混血はドイツ人、すなわちドイツの公民権を有するとみなされたが、第一級混血がドイツ人であるためにはさらに条件があった。

以上の法において血筋でユダヤ人か否かが決められたことは、一見、ユダヤ人を人種として扱ったとみえる。では、鍵となる祖父母がユダヤ人か否かはどう見極めたのだろうか。それは彼らがユダヤ教徒か否かだった。つまりユダヤ人の定義は、結局は宗教に依拠せざるをえなかったのである。こうして曖昧さを残したまま分類された者たちの数は、第二級、第一級の混血は七五万人、祖父母のうち三人がユダヤ人である完全ユダヤ人としては、自身がユダヤ教徒である者が四七万五〇〇〇人、ユダヤ教徒ではないのに祖父母ゆえにユダヤ人とみなされた者は三〇万人だった(芝健介『ホロコースト』)。

その後のユダヤ人排除の展開について述べておこう。ドイツでユダヤ人とされた人びとの絶滅が、当初から目論まれていたわけではない。はじめは彼らを国外に追放する方針だった。ところがドイツ人の「生存圏」を確保するとの名目のもと、オーストリア(一九三八年三月)、チェコ(一九三九年三月)、ポーランド(同一〇月)と東方に支配領域を広げていくにつれ、その地のユダヤ人を抱え込むことになった。とりわけポーランドのユダヤ人は二〇〇万人を超えていた。彼らに対しては、居住区を限定してゲットーに囲い込む方策が立てられて、いずれは東方のソ連領内に追放することが考えられていた。

そのソ連にはさらに三〇〇万人に上るユダヤ人がいた。一九三九年九月の第二次世界大戦勃発から二年ほどたった一九四一年六月、独ソ戦が始まった。この独ソの戦いのなかで、ソ連のユダヤ人はドイツ軍によって、端的に射殺されるなどした。ところがこの戦いは泥沼化する。大量のユダヤ人を前に、ドイツ指導部はその「最終解決」を策定し(一九四二年一月)、殺害のみを目的とする絶滅収容所が次々と作られていくのである(同前)。戦争の拡大に応じて対応が徐々にエスカレートした結果がホロコーストだった。

2 「ドイツ人」とは誰か――人種主義の遂行性

それではドイツ人が誰なのかは、自明だったのだろうか。もう一度「ドイツ人の血と名誉を守るための法」をみてみよう。この法では「血」という概念が導入され、ドイツの血の純粋性をドイツ民族が存続する前提と位置づけて、ドイツ人の血を引く者がドイツ人だと定めた。もっともこれでは同語反復で、定義とは言い難いであろう。

当時の状況を振り返るなら、ドイツでは人口不足が認識されていた。一九世紀には過剰人口からアメリカなどへの移住者も多かったものの、二〇世紀には増加傾向は抑えられ、むしろ第一次世界大戦を通じて人口が十分でない現実が明らかになったのである。ナチは東方に勢力を拡大し、そこにドイツ人を入植させて強力な帝国を建設するという壮大な計画を立てていたが、人口不足は大きな足枷だった。

ナチ政権は人口の増加をめざし、さまざまな方策で出産の奨励を図る。そのなかに、ニュルンベルク法と同じ一九三五年の末に設立された「生命の泉(レーベンスボルン)」があった。ナチ親衛隊全国指導者のハインリヒ・ヒムラー(一九〇〇―一九四五)が反堕胎や出生率向上を目的に親衛隊に設置したものだが、実態は遺伝的にも健康な「優れた」素質をもつドイツ人の出生を支援する施設だった。

この企画はドイツ国内にとどまらなかった。一九四〇年にノルウェーを占領すると、この活動は活発になる。ノルウェーはナチが理想とする金髪碧眼が多いところで、ドイツ兵がそうした現地の女性に産ませた子どもは、将来を担う者としてドイツに送られた。しかも、ドイツが人種的には劣るとみなしていたフランスやポーランドなどの占領地にも、レーベンスボルンは広がった。

ただし言うまでもなく、人間の「生産」には時間がかかる。占領地ではさらに手っ取り早く、金髪碧眼の子どもを奪ってきてドイツ人として育てるということまで行われた。レーベンスボルンは、そうした連れてこられた「優れた」子どもたちをドイツ人へと養育する場でもあったのである。だとするならば、ドイツ人とは誰なのか、再度問われなければなるまい。

それについてはナチズム研究の山本秀行が、ヒムラーの演説を素材に論じている。ヒムラーは独ソ開戦から一年ほどたった一九四二年九月一六日の演説で、独ソ戦を制した後に、東方に大規模な入植を構想していることに触れ、ドイツ人兵士と現地のロシア人女性との間に生まれた子どもたちを奪ってでもドイツに連れ帰り、ドイツ人として育てるべきだと力説した。東方への勢力拡大に激しい抵抗が生じている現実を前に、「人種的に良好な」子どもを「ドイツ化」し、将来的には広がった国境地帯の防御に当たらせる計画が立てられたのだという(「ナチ人種主義再考」)。

しかもヒムラーは、劣っているとされたスラヴ人、さらにはアジア人との混淆がアッティラやチンギス・ハン、スターリンなど、優れた指導者を生んだことまで指摘する。そうした敵方の優秀な者を奪うことで敵を弱体化させられるとの考えもあった。

その上で誰が「ドイツ人」と考えられたのかについて山本は、親衛隊への入隊志願者の分析から読み取っている。親衛隊はヒトラー個人を警護する組織として出発したが、後には強力な権限をもつまでになる。その志願者のうち、非ヨーロッパ系や東方の要素が優勢な者は入隊が認められなかったが、ヨーロッパ人のなかでも高く評価された北方系の者の他にも、北方系の要素が優勢な者、あるいはバルカン半島西側や地中海方面の要素が少し混じっただけの者たちは認められた。要するに、ナチ党の中心的組織である親衛隊においても、ドイツ人は「純血」ではない現実が認識されていたわけである。

山本は、北方系へのこだわりは、ドイツ人が実は複合的な混血だったからだとし、多様なドイツが一つにまとまる接着剤の役割を北方系の血にみていたとする。ヒムラーの主眼は「ドイツ民族の現実を肯定するのではなく、ドイツ人を創っていく」ことにあったのであり、そのことこそが、ナチズムの人種主義を推進する一つのダイナミズムだったというのである。好ましい子どもの回収や育成と、その対極としてのユダヤ人の排除や殺害は、ナチズムの人種主義の両輪だったことになる。強烈な反ユダヤ主義は、純血のドイツ人という神話を強化し、純血の民族など存在しないという現実を覆い隠す役目を担ったとも考えられる。

3　優生思想の具現化

ナチズム下では、ユダヤ人のほかにも迫害された人びとがいた。少数民族のロマもそうである。ロマはアーリア人に分類されており、ニュルンベルク法によってもドイツ人との婚姻が禁止されなかったが、移動の民で貧しく、もともと劣等視される存在だった。怖れられたのは、こうした「劣った」民との混血が進むことである。時間の経過とともにロマは監視の対象となり、後にはドイツのみならずヨーロッパ全体のロマが迫害されていく。強制収容所に送られる者も増え、最終的にはヨーロッパのロマの二〇―五〇%がナチによって抹殺された(マイケル・ベーレンバウム『ホロコースト全史』)。

さらにナチズムでは健全な身体が理想として掲げられ、そうした規範から外れる身体障碍者や同性愛者なども迫害の対象となった。政権を掌握すると、ナチはさっそく遺伝病子孫予防法を制定した。これが前節でも言及した断種法である(一九三三年七月)。劣等な要素の遺伝を防ぐためとして、不妊手術を強いられたのは四〇万人を数えた(木畑和子「優生学とナチス・ドイツの強制断種手術」)。一九三九年九月に開戦となると、「安楽死」も実施されていく。本来、安楽死は、病なり障碍なりの苦しみから解放するという名目のもとで患者を死なせることだが、ナチによるそれは、精神疾患の患者や障碍者を「生きる価値のない者」として大量殺害したものである。働けなくなった強制収容所の囚人や「反社会的」とみなされた人びとも、その対象となった。戦争終結までの犠牲者の数は、占領地域も合わせると三〇万人近くに上る(梅原秀元「「安楽死」という名の大量虐殺」)。

劣ったとみなした人の殺害にせよ、婚姻の禁止にせよ、これらの政策の基本に優生思想があったことは明らかだろう。ドイツの優生学は、アルフレート・プレッツ(一八六〇―一九四〇)らによって人種衛生学という名のもとに成立し、第一次世界大戦後のヴァイマール共和国においてすでに進展していた。それがナチズム期の政策へとつながっていく。優生政策はナチの専売特許なのではない。

ドイツの優生学を論じた市野川容孝は、ヴァイマールが福祉国家だったことに注目する。戦争が終われば人口を増やす必要はもはやなく、それよりは質の向上が求められる。それには身体の弱い子どもの出生を防ぎ、健康な子どもが生まれ育つよう国家が介入して、子育てを社会化する方向が考えられる。国家が私的領域に踏み込んで、貧しくとも屈強な身体の者に恩恵を与えて家族を作る支援をするのであれば、社会主義が最も優生学に適していることになる。事実、第一次世界大戦前にすでにそうした考えが左派の思想家から表明されていた。資産のある者が虚弱な子どもを生み出すのでは意味がない、というわけだ（「社会的なものの概念と生命」）。

しかしヴァイマール期には、あからさまで直接的な施策が具体化することはなかった。理由として市野川は、大戦で働き盛りの男性人口が多く失われたことや、前述のように出生率の低下が顕著だったことをあげている。理念とは別に、現実には人口増加を図る必要にせまられていたのであり、そうした時代に人間の量より質を求める優生政策を推進することには難しい面があったというのである。

それでも「人間の改良」に向けた政策は、いくつか実現している。戸籍法の改正で、結婚前の医学健診の重要性を周知する一文が加えられたり、性病撲滅法で次世代に病気が伝わらないよう注意喚起が行われたりもした。

一九三〇年代にはアメリカに端を発する大恐慌がドイツにも及び、福祉コストの削減を迫られるなかで、断種がにわかに議論されるようになった。劣った要素をもつ子どもの出生を防ぐには、断種は手っ取り早い方法であろう。プロイセン州では、他の規定に阻まれて成立はしなかったものの、法案は提出されている。

ナチが政権を掌握すると全権委任法（一九三三年三月）が成立したこともあって、これらの施策は一気に実現に向かった。ナチズム期の断種法は、本人の同意のない強制的な手術も認めていた。婚姻に際しては、病気や障碍がない証明が必要とされ、「健全な」ドイツ人には結婚や出産が奨励されたのみならず、避妊や中絶は厳しく取り締まる道筋がついた。他方、開戦後ほどなく始まった安楽死は法制化されないままに進められ、一九四一年八月に停止命令が出されながら、実際には戦争終結まで続いた。

ヴァイマール時代と違ってナチズム期には、本来別物だった優生政策と人種主義が一体となったのであり、同じ地平で論じるのは不適切だとの見方もあるだろう。確かにヴァイマール期には影響力をもつユダヤ人の優生学者もいたし、安楽死の対象は（むろんユダヤ人も含まれたが）普通のドイツ人だった。ドイツの優生学は反ユダヤ主義のような人種主義とイコールではないし、それで説明がつくものではない。

とはいえ、優生思想というものが、さまざまに適用される可能性を潜在的に有していたことも確かである。今日では、ナチズムが政策を練り上げる過程で、アメリカの事例を参照していたことが強調されている(ジェイムズ・Q・ウィットマン『ヒトラーのモデルはアメリカだった』)。アメリカで採られた異人種間結婚禁止法(第四章参照)は、まさに優生思想と人種問題が合体したものといえる。ヴァイマール期に遡っても、断種をめぐる議論ではアメリカのいくつかの州で制定されたものが参照されていた。同じく第四章で言及したフランスのロワイエにも、優生思想に基づく人種主義的側面が指摘された。そこに優生思想と人種を截然と分けるまなざしがあったとは思われない。誰にこうした思想を適用するのかは、時代に応じて変わりうるとはいえ、異なる人間集団に劣った要素を見出して排除するという意味では、両者を異なる次元のものに峻別することはできないのではないか。

むしろ優生思想や優生政策をめぐっては、アメリカという自由を唱える国家や、ヴァイマール期のドイツのような民主国家なり福祉国家なりのもとで、議論され具現化に動いたことに注意すべきだろう。個人の自由を基礎とする自助の社会か、国家が個人の領分にまで介入する体制かという相違はあれ、社会の負担、あるいは社会の劣化につながると考えられた者の救済を、非効率で好ましくないとみる姿勢は共通している。むろんその後のナチズムという強圧的な体制が、極端なまでにそうした政策を推し進めたことは軽視できないが、政治体制のいかんを問わず、さまざまな理由をつけて差別し排除する政策は実現されうるし、現実はそうなった。日本で「優生保護」を冠した法が成立したのも第二次世界大戦後、民主国家として再出発してからだという事実も想起されよう(一九四〇年に成立した国民優生法を引き継いだもの。一九九六年に母体保護法に改定)。

ナチの思想には先立つものがあり、ナチ独自のものはないというのが歴史研究では共通理解である。ナチズムのもとに極端に現実化したことはあるとしても、その時代を特殊なものと位置づけてしまうと、いずれの社会も同じ道を歩む危険をはらんでいることに鈍感になる恐れもある。ナチズムを相対化するのではない。それを特別視する呪縛から解き放たれる必要があると思われる。

第3節　逆転の位相

1　パンアフリカニズム

二〇世紀の前半は、以上に記してきたような大量殺戮の時代でもあったが、同時に異なる事態も起きていた。序列の下位に位置づけられた側からの、反転の動きである。本節ではそのいくつかを取り上げる。パンアフリカニズムはまずあげられる一例である。一九一九年にパリで開催されたパンアフリカ会議は、主催したアメリカの社会学者、ウィリアム・E・B・デュボイス(一八六八―一九六三)の名前とセットで記憶されていよう。パンアフリカニズムは一つの思想潮流に収斂するものではないが、およその歴史的背景を振り返ってみよう。

一九世紀末からの帝国主義時代には、列強によるアフリカ大陸の分割・分断、そして植民地化が進む一方、アメリカの黒人によるアフリカ「帰還」の動きがさまざまな経路で進められていた。帰還がアフリカ現地で手放しで受け入れられたわけではない。当初は入植者の支配的振る舞いが「もう一つの植民地化」と捉えられた状況もあった。しかしやがてアフリカに一つの統一感をもたらすことになる。

双方の橋渡しを準備したのが、アフリカヌスの別名をもつ、西アフリカのシエラ・レオネ出身でロンドンにも学んだ医師ジェイムズ・ホートン(一八三五―一八八三)、あるいはデンマーク領カリブ海出身のエドワード・W・ブライデン(一八三二―一九一二)のような人びとだった。ホートンは、一八六〇年代に『西アフリカの国々と諸民族』『西アフリカの政治経済』などの著作を上梓し、西アフリカの自立と独立を唱道した。またヨーロッパで唱えられていた「国民性(nationality)」という概念を導入して、西アフリカの異なる民族を束ねる方向性を示した。

ブライデンは、アメリカ南部でアフリカ系労働者が携わる綿花の栽培と、イギリスのランカシャーの綿工業による経済成長とを連続するものと捉える視線を提示し、その過剰生産が販路拡大を促して、アフリカの植民地征服につながることを解き明かしている。大陸を越えて有機的な結びつきをみる視点は、すぐ後に触れるエリック・ウィリアムズの著作を通して、今日では広く認識されることになるのだが、ブライデンの説はきわめて先駆的といえる。

活動の最先端に立った彼らの思想が、全面的に一致していたわけではない。ブライデンなどは、すべての人種の平等を唱えながら、混血は忌避した。ブライデンは、アフリカ人は「アフリカ人という人格《アフリカン・パーソナリティ》」を保つべきだと考えていた。ブライデンの混血忌避は、カリブ海には混血が多かっただけに、アフリカ人のアイデンティティ構築、あるいはアフリカの尊厳という側面が強調されたものと考えられよう。そうした相違を抱えながら、これら多様な者たちの活動や思想が、やがてアメリカからのアフリカ帰還を指導した者たちとアフリカの知識人とを、結びつけていくのである(デニス・ベン『カリブ人たち』)。

ちなみに黒人のアフリカ帰還は、別の角度からみれば、アメリカからの黒人の「追放」ともなる。アメリカでは独立後の建国期から、黒人を国外に植民させる案がさまざまに模索されてきた。それを提唱したなかには奴隷制に反対の人びとも含まれる。彼らは黒人と白人の平等な共存は不可能との考えから、両者の混淆が起こらない方策として植民を進めようとしたのである(竹本友子「アメリカ植民協会の歴史的性格」)。大統領として奴隷解放宣言を出したエイブラハム・リンカン(一八〇九―一八六五)も、南北戦争前の一八五〇年代から黒人の植民を説いていたが、それは「白人と黒人の混血を食い止める最善の方法が黒人植民」だからであった（浜忠雄「リンカーンの黒人植民構想とハイチ承認」）。白人を主体とした黒人の植民運動と、黒人自身が推進した帰還運動とは、そもそも異なる地点からの発想であることに注意したい。

2 パンアフリカ会議の開催

以上のような黒人たちの運動は、一九〇〇年に最初のパンアフリカ会議として実を結んだ。主導したのは、カリブ海のトリニダードで育ち英米で学んだヘンリ・シルヴェスタ・ウィリアムズ（一八六九―一九一一）。彼は、イギリス帝国における黒人の経済的・社会的困難や差別と闘うため、一八九七年にアフリカ協会を結成し（後にパンアフリカ協会と改称）、さらには世論に黒人の権利擁護を訴えかける場として会議を開くことを提唱する。

5-4　ヘンリ・シルヴェスタ・ウィリアムズ

　会議の準備過程から使われていた「パンアフリカニズム」という言葉は、当時ヨーロッパで流布していた汎スラヴ主義《パンスラヴィズム》や、汎ゲルマン主義《パンゲルマニズム》にならったものである（オルノ・D・ララ『パンアフリカニズムの誕生』）。凝集性の高いこれら二者と違ってアフリカ系の場合、大西洋を挟んでアフリカ大陸とアメリカ世界に分かたれていたのみならず、そもそもの共通の言語もないばかりか、異なる列強の支配を受けていた。パンアフリカニズムの概念は、分割を進める植民地主義への応答として練り上げられることとなる。

5–5 W. E. B. デュボイス

一九〇〇年七月にロンドンで実現したこの会議(Conference)は、アフリカ代表が少なかったとはいえ、北米、カリブとともに三地域の黒人が初めて一堂に会するものとなった。具体的成果は乏しかったものの、アフリカ系の人びとの交流の促進、異なる民族グループ間の新しい関係の構築、アフリカ人への権利の付与、彼らの生活環境の改善などが訴えられた。同時期の南アフリカ戦争に関しては、黒人たちにヨーロッパ人の戦争にかかわらないようにとの呼びかけもあった。

本節冒頭で述べたデュボイスも、ウィリアムズの同志を通じてこれに加わっていた。デュボイスはすでにアメリカにおける黒人運動の中心的存在の一人でもあった。その主著『黒人のたましい』(一九〇三年)の冒頭には、「二〇世紀の問題は人種境界線(カラーライン)の問題」だという有名な一文がみえるが、それはこの会議におけるデュボイスのスピーチ「世界の諸国民に向けて」ですでに発せられたものである。反帝国主義を自任するバーナード・ショーなどの著名な人物にも、黒人を見下すまなざしが濃厚な時代のことだった（マリカ・シャーウッド『パンアフリカニズムの起源』）。

しかしメディアにも一定の反響があったこの会議の継続は、なかなかに困難だった。資金は最大の問題だったし、何よりこの会議を中心となって担った者たちが次々と世を去った。引き継いだのがデュボイスである。一九一九年のパリでは、年頭から第一次世界大戦の講和会議が開催されていた。渡仏にこぎつけたデュボイスは、列強の指導者に抑圧された者たちの声を伝えたいと奔走し、仲介者を得てフランスの首相ジョルジュ・クレマンソーから、パンアフリカ会議（Congress）開催の許可を得た。ただしクレマンソーは、第一次世界大戦に植民地のアフリカ兵を登用した現実からしぶしぶ認めたのであり、実際はこの会議が不満をもつ者たちの挑発の場になることを危惧していた。

会議はそうした牽制を受け、アフリカの住民が法で守られることや強制労働の廃止、搾取の防止、教育の拡充などが唱えられつつも、反植民地主義的なトーンは抑えられたものとなった。それでも旧ドイツ領アフリカを国際管理下におくことや、アフリカ植民地での段階的自治の促進といった提言が盛り込まれた。この点は一九〇〇年の会議と大きく異なるところである（荒木圭子「パン・アフリカニズムとアフリカ」）。

デュボイスが率いたパンアフリカニズムの活動は、その後も継続されたが、運動を担ったのがエリートたちだったことには批判があった。批判の中心に、ジャマイカ出身のマーカス・ガーヴィ(一八八七―一九四〇)がいる。ガーヴィはよりラディカルに、大衆を巻き込んだ下からのパンアフリカニズムを唱えた。独自の組織や新聞を創設して運動を広めた先には、アフリカ人の独立が視野にあった。ガーヴィは、アメリカ黒人のアフリカ性を強調し、彼らのアフリカ帰還を推進もするのだが、そこには国家建設を支援する意味もあった。

一九〇〇年の会議から通算で六回目となる一九四五年の会議には、トリニダード・トバゴ出身のジョージ・パドモアや、後のガーナの初代大統領クワメ・ンクルマ、あるいはケニヤのジョモ・ケニヤッタなども参加していた。パンアフリカニズムを学んだ彼らを中心に、その前年にはパンアフリカ連盟が結成されており、一九六〇年前後に本格化するアフリカ諸国独立の一つの基盤となる。指導者の間の路線の違いもあって、それが単純にアフリカ諸国の統一や連帯に結びついたわけではないが、パンアフリカニズムの思想がアフリカの自律的方向に大きな影響を与えたことは、確認しておきたい。

3　さまざまなヴェクトル

戦間期には人の移動も増え、さまざまな思想や行動が各地で多様な形をとってみられるようになった。それらについていくつかの観点からまとめておこう。

まず黒人の間で、黒人性が再認識されたことである。たとえばアメリカでは、第一次世界大戦後、北部に集中した軍需関連産業をめざして南部の黒人が大量に移動した。戦後の一〇年で一〇〇万人ともいわれる(中野耕太郎『二〇世紀アメリカの夢』)。彼らを受け入れた北部の諸都市では、居住区の人種隔離が制度化していった。

そうして黒人が集住したニューヨークのハーレムやシカゴのサウスサイドなどの地区では、黒人を主体とした独自の文化が発信されるようになる。ハーレム・ルネサンスと呼ばれる現象である。音楽や文学など、黒人自身が新たな芸術表現を生み出したのだが、それは無知で従順な黒人という従来のステレオタイプを打破する挑戦でもあった。奴隷制時代に育まれた黒人霊歌がコンサートで歌われるようになるのもこの時期である。

また、トリニダード・トバゴ出身のシリル・L・R・ジェイムズ(一九〇一―一九八九)は、独立をめざす闘士で、パンアフリカニズムの影響も受けていた。教師だったが、一九三〇年代にはロンドンに移住し、フランス革命期に起きたハイチ革命を題材にした『ブラック・ジャコバン』(一九三八年)などの著作を著した。教師時代の教え子の一人が『資本主義と奴隷制』(一九四四年)などの著者で、先にも触れたエリック・ウィリアムズ(一九一一―一九八一)である。自らの視点で書かれたこれらの歴史書は、今では古典となっている。

一九三〇年代のフランスでも、黒人性を前面に掲げた文学運動である「ネグリチュード」が進められた。詩人で後には政治家にもなるカリブ海の仏領マルティニック出身のエメ・セゼールは、『帰郷ノート』(一九三九年)や『植民地主義論』(一九五〇年)の作品で植民地主義を批判するのみならず、植民地化され奴隷とされた黒人の側からの視線をヨーロッパの歴史に注いだ。

この時期のヨーロッパには、ほかにもそれまでと異なる文化が広がっていく。第一次世界大戦に参加したアメリカの黒人兵がもち込んだとされるジャズは、にわかに市民権を得た。イタリア出身のアメデオ・モディリアーニや、スペイン出身のパブロ・ピカソなど、パリで活躍した画家たちがアフリカ芸術の影響を受けたこともよく知られている。アフリカのものを、仮に「原始的《プリミティヴ》」という形容詞とともにであれ、「芸術」とみなすのも新しいことだった。キャバレーやミュージック・ホールでの黒人レヴューも人気を集めた。アメリカ生まれのジョセフィン・ベイカーの踊りはパリで熱狂的に支持された。

ただしアフリカ的なものが人気を博したことは、彼らを貶める価値観が転換したことを意味しない。たとえばベイカーが人気を博したのは、彼女の歌や踊りがヨーロッパ人がアフリカ的と考えるもの、つまり野蛮ではないにしても未開というイメージに合致していたからである。彼女はパリで活躍する代償として、意に反してその種のパフォーマンスをせざるをえなかったのであり、むしろ白人世界に浸透した価値観を確認し補強する結果となったともいえる。

スポーツはどうだろうか。戦間期には欧米で活躍する黒人選手が生まれている。黒人は「身体能力が高い」とする評価は、今日の日本にも根強いものがある。当時、その理由は何だと考えられたのだろうか。スポーツの指導者からは、黒人がスポーツに秀でているのは「白人よりも原始的だからだ。ジャングルで走ったり跳んだりする能力は、少し前の黒人にとっては生きるか死ぬかの問題だった」からだと指摘された（ディーン・クロムウェル『トラック競技とフィールド競技における勝者の手腕』）。ここに示されるのは、黒人の身体能力の高さは、彼らの知的営みではなく動物のような生活によるのであり、要するに知的能力の欠如と一体のものとの理解である。身体能力が高いという評価は、実は人種主義的な意味を端的にもつのである。

ナチ政権下でも、いくつか象徴的なことがあった。スポーツの場からは多くのマイノリティが排除されたが、一九三六年のベルリン・オリンピックに参加した選手もいた。メダルに手が届くと思われたフェンシングのドイツ代表選手ヘレン・メイヤーは、ユダヤ人の混血であったが、期待に応えて銀メダルだった。ヒトラーの首相就任前にベルリンでの開催が決まっていたこの大会には、ボイコットの声も上がったものの、メイヤーのような選手の起用は、差別的側面を覆い隠すアリバイともなった。

カメルーン生まれでレスリングのヘビー級の選手だった通称ルイス・ブロディも、少なくないナチ党員のいるナショナル・チームのメンバーだった。彼は俳優でもあり、多くの映画で活躍した。ナチのプロパガンダ映画にも出演している。アフリカ人とドイツ人の混血に恐怖の目が向けられていた時代である。メイヤーの起用と同様、集団としては差別の対象とされるなかから有能、あるいは有用な個人は十分に受け入れられたのである。

4 秩序の逆転へ?

より明確に従来の秩序が逆転しているかのような現実は、別のところで起きていた。エマニュエル・サアダは「衝撃的な光景」として、仏領植民地のインドシナでヨーロッパ人と現地人の混血、つまり西欧的な顔立ちの者が車夫となり、富裕な現地人の乗った車を引いて歩く姿を記した一九三八年の史料を紹介している(『植民地の子どもたち』)。双方の要素を合わせもつ混血が、支配の境界を曖昧にする存在として危険視されたことは本書でも記してきたが、本国を離れた植民地では、いわば人種と社会的地位のずれが実際に起きており、従来の価値観から外れた現象に、支配の側は脅威感を書き残していたのである。

そうした状況が、後世になって明かされた場合もある。一例としてフランスの作家マルグリット・デュラスの『愛人』(一九八四年)をみておこう。舞台はやはり仏領インドシナのベトナム。この地で教師だったフランス人の両親から一九一四年に生まれたデュラス少女時代の恋愛譚である。たいへんな評判を得て映画化もされた小説だが、人種の観点からは、恋愛の相手が中国人だったことは見逃せない。植民地を舞台とする恋愛小説は、現地に赴いたヨーロッパ人の男性と現地の女性という設定が一般的だった。そもそも植民地支配は武力征服が前提であり、それは男性による女性の征服として表象されることが多かった。デュラスの小説では、それが逆転している。ちなみに中国は植民地ではなかったものの、たとえば第一次世界大戦に参戦を余儀なくされた中国人は、植民地出身者扱いだった。

逆転の理由の一つに入植者の貧困があげられる。デュラス家も両親は教師だったが貧しかった。さらに貧困が昂じて現地人のような生活をするにいたった白人は、退化したとみなされた。ハナ・アーレントは帝国主義を論じたなかで、南アフリカに入植・定住したオランダ系が「周囲の黒人部族に同化」して退化したと指摘している（『全体主義の起原』第二巻）。すでに述べたように、彼らは白人のなかでも後から来たイギリスより下位に位置づけられた人びとだった。

とはいえ貧困は、現地の人びとにより大きくのしかかったことだった。それは現地においてはもちろん、本国においても先鋭的に表れた。戦間期に人の移動がより盛んになり、よりよい生活を求めて宗主国に渡る者が増えていくと、今度は彼らの存在への暴力が起こるようにもなるのである。イギリスで最初のムスリム系のコミュニティができた（一九〇〇年前後）とされる北東の町サウス・シールズでは、大戦後の不況からイギリス人労働者との間に職の奪い合いが起き、一九一九年にはすでにムスリムが襲われる事件が起きている。

これは人種ではなく雇用の問題だという見解もある。それでも対立する相手が自分たちと異なると認識される者である以上、社会経済的な問題に人種主義の要素が入り込むことは否定できない。経済的上下があるなかでは、異なる者同士の対立や相克が価値観の逆転にいたるのは困難であろう。現代社会のありようが、二重写しになるところである。

この項の最後に日本のことを考えるために、改めて第一次世界大戦後のパリ講和会議に戻っておこう。講和会議では国際連盟の創設が議論されていたが、その規約検討委員会に参加していた日本代表が、人種平等条項を規約に盛り込むよう提案したのである。しかし交渉は日本の望むようには進まない。そこで日本は前文への文言の挿入を新たに提案する。これは最終的には検討委員会の投票にかけられ、優に過半数を得たのだが、議長のアメリカ大統領ウッドロウ・ウィルソンが全会一致を主張して、日本提案は日の目を見なかった（篠原初枝『国際連盟』）。

日本提案の背景には、黄色人種とされた日本人自身が海外で差別の対象となっていた現実がある。たとえばアメリカで差別が法制化されるのは、前述のように一九二四年のことだが、日本人移民への排斥問題はすでに起きていた。人種の平等を謳う象徴的な文言が盛り込まれることは、列強と肩を並べるようになった近代日本にとって、世界における自らの地位の向上に重要と考えられた。人種の平等という考えを全面的に受け入れないメンバーもいたものの、少なくとも検討委員会の投票で多数を得た背景には、正面切ってこうした見解に異を唱えにくい認識が委員会でもほぼ共有されたことがあるだろう。

ただし、日本自身が一九世紀末から台湾や朝鮮半島などを植民地化していた事実を考えれば、日本の主張する平等がいかなるものだったのか、顧みなければなるまい。日本が植民地保有国として同じアジアの他者を下位に位置づけたまま、こうした提案をしたことは、皮肉にも人間の間には序列があると示す結果になったとも思われる。戦間期にみられる逆転の位相は、ことごとく西洋的な価値秩序のなかで起きていた。それは果たしてどこまで修正されたのか、されえるのか、きわめて今日的な問いでもある。

終　章

再生産される人種主義

ブリュッセルのレオポルド２世像．ジョージ・フロイドさん死亡事件への抗議は世界に拡大した．この像にも BLM の落書きがある

1　複雑化する人種主義

ホロコーストを経た第二次世界大戦後、状況は複雑さを増している。まずは本書冒頭で述べたことだが、ユネスコが開催したシンポジウムや、国連における人種差別撤廃条約の締結など、国際社会でも多くの努力が払われたことを繰り返しておこう。加えて戦後はまずはアジアが、そして一九五〇年代後半からはアフリカ諸国の独立が相次ぎ、一九七〇年前後からは彼らに連帯する第三世界主義の動きも高まるなど、世界は大きく動いていった。二〇〇一年に国連主催で反人種主義の世界会議が開かれたことも、想起される（「人種主義、人種差別、排外主義、および関連する不寛容に反対する世界会議」が南アフリカのダーバンで開催）。

アメリカでは一九六〇年代にベトナム戦争への反対もあいまって公民権運動が広がり、黒人に対する差別的な法体制の撤廃に道が開かれた。黒人差別の問題は、女性差別、そして性的マイノリティ差別の問題の認識へと連動し、社会に変革をもたらしていった。法制度的な平等をはかるだけでは、差別が社会的に構造化されシステマティックに起きる現状は、一気には変わらない。一九六〇―一九七〇年代にかけては差別の是正措置として、いわゆるアファーマティブ・アクションも各地で導入された。出自、信条、肌の色、あるいは性などで差別を受けてきた人びとに対し、雇用や教育の場において優先的な処遇をするものである。

　アパルトヘイトにも触れておくべきだろう。南アフリカのアパルトヘイトは、第二次世界大戦後に正式に成立したが、その核となる諸法が一九九一年に撤廃され、一九九四年には出自を問わずすべての人が参加する選挙で、ネルソン・マンデラが黒人で初めて大統領となった。時代の変化を象徴する一つといえるだろう。

　しかし他方で、人種主義的な行為がやむことはなかった。最近の動きに目をやれば、二〇二〇年五月、アメリカで黒人男性ジョージ・フロイドが警官によって地面に押さえつけられ、膝で首を圧迫されて窒息死する事件が起きた。携帯で一部始終が撮影されたその衝撃的な映像は、瞬く間に世界に拡散した。これを機に、「黒人の命は大切だ」を意味する「ブラック・ライヴズ・マター（BLM）」運動への連帯も一気に加速した。打ち続く黒人差別を背景に、二〇一三年に始められていた運動である。

　警官に殺害される黒人が後を絶たないなかで、この事件は、奴隷制や人種差別に関与したとされる歴史上の著名人の像が撤去される動きにつながった。南北戦争で南部連合の軍を率いたリー将軍や探検家コロンブス、さらにはヴァージニア州出身で奴隷を所有していた初代大統領ジョージ・ワシントンや、第三代大統領トーマス・ジェファーソンらの像まで撤去されるケースもあった。

同種の行動はヨーロッパにも広がった。第五章で植民地時代のベルギーの蛮行に触れたが、ベルギー各地にあるレオポルド二世の像も倒されたり、BLMの文字が落書きされたりした（本章扉の写真参照）。現ベルギー国王が、独立六〇周年に合わせて旧植民地のコンゴ民主共和国大統領に遺憾の意を表明する書簡を送ったのは、その直後のことだった。

抗議の活動に白人も多く加わっていたことは、注視すべきだろう。今や差別者とみなされる集団が一方的に差別をし、被差別者の側が抗議するという図式で物事が動いているのではない。BLM運動など差別反対の動きに多くの人びとが連帯する下地が世界に作られてきたことは、人種主義に対する認識の広がりを顕著に示している。

ただし批判の声が高まる一方で、差別はさまざまに形を変えてきている。人種主義への批判から、一九六〇—一九七〇年代にはヨーロッパでも「異なることへの権利」の名のもとに、文化的背景をたがえるヨーロッパ外からの移住者などの自己主張や、彼らへの配慮が進んだ。ところがそれを快く思わない立場からは、文化が異なるのだから対応が違ってかまわない、という声が上がるようになった。「新人種主義」、あるいは「文化的人種主義」「差異主義的人種主義」などと称されるものである。異なる文化を尊重する姿勢が文化相対主義に沿うものとすれば、新人種主義はそれを逆手にとったものである。

もともと文化相対主義は、社会進化論や人種主義を脱却するものとして、アメリカのフランツ・ボアズ(一八五八―一九四二)が戦間期に提唱した。それは個々の文化の独自性を認めてそれらを対等なものとし、「進化の度合い」なるものに応じて序列化することを戒めるものだった。人種主義的思想が列強の植民地支配を正当化していた時代にあって、革新的でリベラルな思想といえる。ただ理論や思想は、当初の趣旨を超えてさまざまに読み解かれ発展していくダイナミズムをもつ。それゆえにまた、逆の方向に利用される場合もあるわけだ。

先述のアファーマティブ・アクションにも導入の当初から、社会で優位にある者たちから「逆差別」との声があがった。つまり「白人差別」だという批判である。それは時に裁判ともなり、地域によっては二〇世紀の末にはすでにこうした制度の「終焉」が語られるようにもなった(日吉和子「アファーマティブ・アクション政策を巡る動きと多人種混血集団について」)。近年では、人種は社会的な構築物だという主張に正面から反発し、人種は実態としてあるという反論もなされている。文化の多様性を生物学的多様性と同一視して、差別を正当化する立場である。「白人差別」があるという主張が力を得つつあることは、見逃せない。たとえばフランスでは、パリの郊外電車の駅で起きた若者同士の小競り合いで、一方が他方を「汚い白人、汚いフランス人」と罵ったことが、人種主義を助長するとして裁判になり、禁錮四年(うち一年は執行猶予)の判決が二〇一四年一月に確定した。「汚いニグロ」という言葉が今日でも、場合によっては警官によっても頻繁に発せられており、それが何ら問われていない現実が残る一方での判決ではある。

しかもその被告は、旧植民地の出自の貧しい移住者が集住するいわゆる郊外地区の出身だが、見た目は「白人」だった。父がアルジェリア系、母はフランス系とのことである。裁判官から自分がフランス人だと思うかと尋ねられると、そうだと答えている。そうした彼が発したのが、「汚い白人、汚いフランス人」という言葉だった。

この件は、白人とは誰かという本書でも考えてきた問題のみならず、「反白人の人種主義」は存在するのかという問いも改めて喚起する。『ル・モンド』紙(二〇一二年一〇月二五日)がまとめるところを引用しよう。

研究者の間ではこの存在に否定的な見解が多い。確かに白人に対する暴力や暴言の存在は認められるものの、統計も少なく、回答者の居住地や出自など、扱いには注意を要する。何より被害は個別のものであって、そのことが現在の社会秩序を変える性質をもたない。人種主義には理論(イデオロギー)、表象、行為の三つが必要とされるが、イデオロギーが欠如している点も指摘される。被害者の属性で人種主義か否かが決まるのはダブル・スタンダードだとの批判に対しては、むしろ逆で、被害者が白人でない場合の人種主義的行為が告発される割合が低いことこそが、ダブル・スタンダードだとする。

しかし、異なる立場の研究者もいる。本書でも参照してきた『人種主義史批判事典』を編んだタギエフは、反白人の人種主義は白人による差別への単なる反応だという説を斥け、これはれっきとして存在する人種主義の一形態だと説く。タギエフは白人排斥の理論の存在も指摘する。たとえば第五章で言及したマーカス・ガーヴィがアメリカ黒人のアフリカ帰還を進めたことは、白人の排斥を理論化したものだという。

市民団体の対応も割れている。一九世紀末のドレフュス事件を機に創設された「人権同盟」は、この種の人種主義は存在しないとの立場をとった。それに対して、おもに反ユダヤ主義との闘いに注力してきたある団体は、裁判の原告を支持した。近年、フランス社会の構成員が多様化し、ムスリムや黒人が増えるなかで、ユダヤ人は「白人」の側にあるとみなされるし、そう自己認識している場合が多い。つまり、ユダヤ人差別に白人差別を重ねているといえようか。実際、反白人の人種主義の存在を主張する論客のなかにはユダヤ系の姿もある。さらに、他にもこれに同調した団体がある。ムスリム差別に取り組んできた有力な組織の場合、「過激な」主張を繰り返すムスリムの団体と自らを区別するために、こうした行動をとったという。

以上のさまざまな反応に、社会の分断を垣間見ることはもちろんできる。その分断のもとをたどるならば、いかなる立場からいかなる人種主義を想定するのかが、それぞれに異なっているさまが浮き彫りになる。いかなる立場に立つのかは、それぞれの自意識によるだろう。加えてアメリカのように、遠くない将来に白人が社会のマイノリティになるという予測が出されていれば、この種の主張はさらに力を増すだろう。人種問題とは結局のところ、差別する側／される側双方にとって自他の区別を基とするアイデンティティの問題ではないかという感を強くする。そしてそのアイデンティティとは所与の何かではなく、種々の社会構造や環境のなかで形成されるものだろう。

2 人種とアイデンティティ——優劣の内面化

そうであれば、差別される側がつねに被差別者としての立場から、差別する側に反論してきたのだろうか、という疑問もわく。そうしたイメージがあるとすれば、歴史は逆の側面も示している。

フランス領マルティニック出身のフランツ・ファノン（一九二五―一九六一）の書物は雄弁である。ファノンはアルジェリア戦争（一九五四―一九六二）に参加し、その独立を目にすることなく白血病に倒れた。今ではポストコロニアリズムの先駆者と位置づけられている。初期の作品である『黒い皮膚・白い仮面』（一九五二年）ではマルティニックの人びとの「乳白化」願望を指摘して、鋭く批判している。つまり白い肌を美しいと捉え、少しでも白い肌をもちたいという願望があるというのである。

奴隷制時代に多くの混血があったこの地では、人びとの肌の色には濃淡があるが、少しでも白い方がよいという価値観は、今日でも深く根を下ろしている。生まれる子どもの肌がより淡いことを親は望んでいるという話は、筆者も直接現地で聞いている。それは奴隷制時代のみならず、奴隷制廃止後も長年にわたって、白人が権力を握ってきた社会構造に多く起因するものだろう。支配が確立されている場合、下位に置かれた者がそれに抵抗して闘うのか、それともそれに自らを適応させて社会的上昇を望むのか。どちらが多数派になるかは取り巻く状況にもよるので一概にいえないとはいえ、支配構造を覆し、価値観の転換を図ることが容易でないのは確かだろう。

独立をめざした者が、支配者の価値観を否定するとは限らない。ここでは第五章でも触れた、一九六〇年に独立するセネガルの初代大統領、レオポール・セダール・サンゴール（一九〇六―二〇〇一）を取り上げたい。サンゴールは政治家であると同時に文筆家でもあり、多くの詩も発表している。黒人性を前面に掲げた文学運動の「ネグリチュード」を担った一人である。

サンゴールの書き物には、白人支配のなかで構築されてきた人種観がちりばめられている。「理性がギリシャ《ヘレネス》〔すなわちヨーロッパ〕のものであるように、感情は黒人のものである」（「黒人がもたらしうるもの」一九三九年）。「ヨーロッパの白人はまず論理的で、アフリカの黒人はまず本能的である」（「ネグリチュードとは何か」一九六六年）。一般にヨーロッパの思想では、理性を男性、感情を女性のものとして捉えてきた歴史があるが、要するに理性は白人男性のものであり、感情はそれ以外の「他者」に付された性質となる。そうした本質主義的思考を、サンゴールは自らの言葉として発している。黒人性を称揚するネグリチュードが最初に唱えられた一九三〇年代ならいざ知らず、独立後の一九六〇年代の作品においてもである。

そのようなサンゴールは、実はゴビノーを評価する。人種主義を象徴するとされるゴビノーの何がサンゴールを惹きつけるのか。サンゴールはゴビノーが、芸術の発展には黒人の要素が不可欠だと説いたことに依拠している。同じゴビノーが、黒人に知性を認めず、自ら最低限のレベルにたどり着こうとすることすらできないと書いていることには、目を閉ざしたままである。サンゴールの言を通して、一般のゴビノーの読解が一面的であることに改めて気づかされるのは、皮肉であろうか。サンゴールは他のネグリチュードの大家たちより、ずっとゴビノーに近いと結論する思想家もあれば(マルシャン・トワ『レオポール・セダール・サンゴール』)、サンゴールを人種主義の理論家と断ずる論者もいる(マーク・A・クリストフ「人種理論家としてのレオポール・セダール・サンゴール」)。ちなみにサンゴールは、一九八三年に黒人として初めてアカデミー・フランセーズの正会員になっている。

アイデンティティに関して言えば、酒井直樹が自らの体験から述べているように、「人種主義のまなざしに曝される、人種主義の対象になるというのは、自分ではどうしようもないアイデンティティを与えられてしまうこと」である(「近代化とレイシズム」)。先に引いたファノンはフランスで生活したとき、通りがかった子どもが自分をみて、「ほら、ニグロ!」「ママ、見て、ニグロだよ、ぼくこわい!」と母に訴えるのを経験している。これも、どうしようもないアイデンティティを与えられた一場面である(『黒い皮膚・白い仮面』)。

言うまでもなく、自らの認識とは異なるアイデンティティが与えられるのは、歴史的に形成された人種の序列の上位の者から下位の者に対してである。そこには容易に転覆しがたい権力関係もある。そのようななかで、下位に置かれた者が上位の者の価値観を自らのものとして内面化する場合が少なくなかったことは、否定できない。ケニアのグギ・ワ・ジオンゴが、植民地の独立後の時代においてなお「精神の非植民地化」の必要性を説くのは、こうした点に関連していよう(『精神の非植民地化』)。

最後のフロンティアとして世界が注目する二一世紀のアフリカでは、西洋中心の人種観が内面化されているなどということは、若い世代を中心にもはやないとも考えられよう。しかし旧植民地のなかには植民地時代から宗主国に心情的に近い指導者たちが、小さくない影響力をもっていた地域もある。それはひとりサンゴールの問題ではない。西洋的な人種概念が、いまの日本に必ずしも払拭されずに残っている状況を考えれば、長い年月を経て作られた人種観の転換には、いずこであれ、それなりの時間がかかるとも思われる。

3　マクロとミクロの視点から

本書では折に触れて日本のことにも言及してきたが、最後に改めて足元に立ち返っておこう。本書冒頭でも記したように、日本では人種差別を黒人差別と同一視する傾向が強い。ところが相対的に黒人が少ないために差別が認識されにくいせいか、日本には差別はないという声すら耳にすることがある。しかし、見た目の違いがないところにも差異は作られており、その面での差別に気を配る必要があろう。近隣のアジアの人びとに対する蔑みのまなざしもしかりである。ここではもう少し異なる視点から、二つの事例を考えていきたい。

第一に、アイヌや琉球の人びとの遺骨返還問題である。現在日本では、いくつかの大学が保管する遺骨の返還訴訟が起きている。それらは一九世紀末から研究者によって沖縄や北海道、あるいは北の島々で収集されたもので、日本人とは何かを、アイヌや琉球の人骨の調査から明らかにするという目的だった。アイヌは身近な異人種と考えられたし、琉球については日琉同祖論もあった。

収集に携わった研究者の多くは、ヨーロッパに留学経験のある当時の精鋭だった。一九世紀のヨーロッパでは、頭蓋骨など人骨を使った人種の相違の研究が人類学という学問の基礎にあったわけだが、最先端の学問に接した留学生のなかには、帰国後には創設されたばかりの大学に身を置いて、日本での人骨収集、あるいは生体計測を通しての探究に没頭する者もあったのである。

たとえば東京大学の前身の帝国大学に勤務した坪井正五郎や小金井《こがねい》良精《よしきよ》（一八五九―一九四四）などは、まず名前があげられる。坪井はフランスとイギリスに留学し、後に大阪で人間展示に関わったことは第三章で述べた。解剖学者で森鷗外の妹婿である小金井は、鷗外と同じくベルリン大学に留学した。小金井が帰国後に行ったアイヌの人骨収集の際には、何ら許可を得ていないこともあった（植木哲也「帝大教授のアイヌ墓地発掘」）。

驚くことに、発掘は一九七〇年代にもまだ行われたのだが、返還を求める運動はおよそ一九八〇年代に始まっている。世界に目を向けると、二〇世紀末から少数民族の権利を認める方向性が顕著となった。それは旧植民地支配国が個々の歴史を省みることともつながっていて、過去の行為について遺憾の意が表明されるケースも現れた。

そうしたなかで二〇〇七年九月、国連で「先住民族の権利に関する宣言」が採択された。これは日本における返還運動の後押しとなる。宣言を受けて翌二〇〇八年、日本政府はアイヌを先住民族と認めたのである。「単一民族神話」がまだ根強いなかでのことである。宣言の第一二条には、先住民族が遺骨（human remains）の返還に対する権利を有することも明記されていた。二〇一二年にはアイヌの側から裁判が起こされている。返還が実現したのはまだわずかだが、この問題は今日では広く知られるようになったのではないか（植木哲也『新版・学問の暴力』）。

振り返ってみれば、遺骨の収集と返還は、それぞれがグローバルな動きに関連している。収集は、人骨を素材に人種の探究をするという、当時の欧米の学問に連なるものであるし、時を経た返還もまた世界的な流れである。返還は当然にして、国境や大陸を越えて行われている(小田博志「ドイツから「移管」されたあるアイヌの遺骨と脱植民地化」)。

学術研究上の必要から返還すべきでないと考える研究者もいるのはさておき、返すべき遺骨があったとして、どこに返還するのか、どのように扱うべきか、必ずしもすべてに解があるわけではない。しかしこの問題が、その発端から今日にいたるまで、グローバルな知のありようと密接に関連しているという視点は重要だろう。

そのことは、ここで取り上げたい第二の問題にも関係する。部落差別である。被差別部落は、法的、制度的には近世の幕藩体制において成立したもので、明治開国後の一八七一年には封建的身分制度を解体する一環で、いわゆる「解放令」が出された。しかし彼らへの差別は簡単にはなくならなかった。

そこに導入されたのが上記のような西洋発の学問だった。部落民の祖先は海外からの渡来人だとの説は、従来からあったとはいえ、開国当初はおおむね根拠はないと考えられていた。ところが人類学などの学問に基づいてアイヌや琉球の遺骨の収集や生体計測が進むと、同じことが部落民に対しても行われるようになった。改善しない彼らの貧困や「穢れ」の概念から、相違を科学的に明らかにしようとしたのである。たとえばその中心となった鳥居龍蔵《とりいりゅうぞう》(一八七〇—一九五三)は、東京で設立された人類学会に入会し、先に引いた坪井とも親交があった(後に東京帝国大学助教授)。そうした学問研究からは、あたかも被差別部落民が他の日本人と異なる特徴を保持してきたかのような「成果」も生み出された。

部落史が専門の黒川みどりは、部落問題を単なる差別としてではなく、人種主義の視点から捉える立場を前面に打ち出している。それぞれの人種は他と違う生得的な性質をもち、それが遺伝すると考えられているわけだが、部落民が結婚などで差別されるのは、部落の血が一族に混じるという懸念や恐怖が最大の理由である。部落はまさに人種のアナロジーで語られてきた。そうした見方は、近代に導入された人種概念に基づく学問的成果が基礎固めをしたものといえる(『創られた「人種」』)。

部落は本来相違のないところに、何らかの基準で違いをもち込んだ典型的な例である。それを支える学問的営為はグローバルな知につながってきたが、今日では差別を問うグローバルな場で、部落差別はいわゆる人種主義の問題と捉えられている。差別が同じ理屈に立脚しているからである。黒川の言うように、こうした視角に積極的に立つことで、日本においてもこの問題をめぐって、より広い視野からさらに議論を開くことができるだろう。

マクロの視点が重要な一方で、部落問題で改めて気づかされることは、学問の力も借りながら形を変えて作られ維持されていく人種主義が、日常生活のなかに織り込まれている、というミクロな視点の重さである。差別があること自体に、気づかないことすらある。

二〇二一年一一月、新型コロナウイルスの広がりを気にしながら、ベルギーのブリュッセル郊外にあるテルフューレンに赴いた。ここには一八九七年、ブリュッセルで開かれた万博に合わせて、レオポルド二世の所有だったコンゴに関する展示のための博物館が創設された。今日では王立中央アフリカ博物館として、旧ベルギー領を中心にアフリカ全体の民族学的な展示へと姿を変えている。筆者が訪れたときは、ちょうど一九世紀後半から二〇世紀半ばにかけて世界各地で行われた「人間展示」の歴史を回顧する特別展の最中だった。

当時の様子を生々しく伝える数々の展示を見終わって出口にくると、壁一面に短い文章がさまざまな言語で書かれていた。「私は人種主義者じゃない。黒人の友達がいるんだ」、(おそらくは誉め言葉として)「あなたの振る舞いは普通のアフリカ人と違うね」、(おそらくはヨーロッパ人の風貌をしていない人に向かって)「あなたはベルギー人だというけれど、本当はどこの出身なの?」。日常で耳にしても、何ら問題がないと思われるような一言が、実は受け取る側に被差別感や疎外感をもたらしうる、そのような言葉が並べられている(序章扉の写真を参照)。話者として想定されているのは、むろんベルギー人(白人)、つまり社会の上位の者だろう。近年、そうした表現は「マイクロアグレッション」と呼ばれている(デラルド・ウィン・スー『日常生活に埋め込まれたマイクロアグレッション』)。

今日では多くの人が種々の差別に関心をもち、それらをなくそうと積極的に行動しないまでも、差別のない世界を望んでいる。しかしこの問題の困難は、無意識のうちに、場合によってはむしろ善意のうちに、人種主義に加担してしまう場合もあること、しかもそれが日常レベルで多く起こることではないだろうか。人間社会が多様である以上、上記の「アフリカ人」や「ベルギー人」は、誰にでも代替可能である。

さらに厄介なのは、「あなたの振る舞いは普通のアフリカ人と違うね」といった表現を、実際に好意的に受け止める者もあるのではないかという点だ。先に引いたサンゴールを思い浮かべてみる、あるいは「アフリカ人」を、「日本人」や「アジア人」に置き換えてみるとどうだろうか。かつてアパルトヘイト時代の南アフリカで、日本など外交上重視された地の出身者が、居住地などについて白人待遇を受けることがあった。俗に「名誉白人」などと呼ばれたが、当時、日本でそれを評価する声もあった。そう考える人自身は、「他者」にどのようなまなざしを向けるだろうか。人種主義はマクロな世界の情勢と絡みつつ、個々のミクロなレベルで異なる反応を引き起こし形を変えながら、身近なところで再生産され続けている。

あとがき

「蛮勇を振るってみませんか」。岩波書店新書編集部の杉田守康さんにこんな提案を受けたのは、ある春の日のことだった。人種主義をテーマに新書を書きおろすという企画である。はじめはとてつもない話に思えた。フランスを中心にヨーロッパの植民地史を研究対象にしてきた私にとって、人種は根幹にある問題だとの認識はあったものの、それを一続きの物語に書き起こすというのは、あまりに茫漠としていて、すぐに手の届くものにはみえなかった。

迷いながらも心して向き合ってみると、構想は意外にすんなりと立てられた。人種なり人種主義なりに関する資料を折に触れて集めていたこともあって、徐々に具体的イメージもつかめてきた。本来の専門から外れる時代や地域についても意識が開放されていく感がした。

ただ予想通り、いざ執筆を始めてからは困難続きだった。わずか数行を書き進めるために膨大な史・資料を確認する必要があったし、それまでさして気に留めてこなかった点に正面から取り組む必要も随所で生じた。専門から遠い領域になると事実を追うだけでも煩雑で、思考は錯綜した。しかし調べていくなかでは、それまで細切れに学んできたことがひとつながりになっていく感触があり、種々の発見や知的な刺激に満ちた作業となった。

そうしてようやく仕上がった本書だが、それぞれの関心や立場から、書かれていることのみならず、欠落している部分にも、不満や批判をもつ読者は少なくないことと思う。本書が唯一のあるべき人種主義の歴史でないのは言うまでもない。本書は植民地史を専門とする私自身の立場から、波立つ大海の波頭のいくつかを切り取っただけであり、切り取られなかった波頭も無数に残されている。しかも波立っていない部分にも連綿と、人種主義の思想や実践が途切れることなく続いている。それらを異なる視角からすくい上げる、また別の、そして複数の人種主義の歴史がこれからも書かれていくだろう。

本書の趣旨から、私が専門とするフランスなど、ヨーロッパ各国それぞれの特殊性などは捨象せざるをえなかった。つまりヨーロッパのこととして語ったもう一つ奥にある各国、各地域の偏差については、最小限の言及にとどめている。そうした点も今後、別の角度からの記述を俟たなければならない課題である。

それにしてもこの種の問題が途切れることはない、という感を強くする。本書を執筆している間にも、さまざまなことが起きた。終章でも触れたBLM運動が社会に前景化する事態はもちろん、二〇二〇年から蔓延する新型コロナウイルスのパンデミックは、中国発だったことからアジア人差別が世界各地で顕在化している。二〇二二年二月にはロシアのウクライナ侵攻が始まった。欧米のメディアのなかには、中東の国々と違って「相対的に文明化された」「第三世界ではない」ところで戦争が起きていることに、あるいは青い眼で金髪の人びとが攻撃されていることに、衝撃を受けたという趣旨の記事を掲載するものが少なからずあったという。これらを報じた『ワシントン・ポスト』紙(二〇二二年三月一日)には、「何気ない人種主義(カジュアル・レイシズム)」の存在を指摘したジャーナリストにも言及があった。

そして日本はといえば、一九六五年に国連総会で採択された人種差別撤廃条約を三〇年たってようやく批准したが、包括的な差別撤廃の法はまだ整えられていない状況にある。それでも日本の構成員が多様化するなかで、若者の間でも関心は高まっているようで、それぞれに鮮明な問題意識をもっているとみえる。一方で、「早く差別がなくなってほしい」といった願望のような声が聞こえることもままあるのは、少し複雑である。この問題は、自然に任せていてなくなるものではない。人間生活の営みがあれば、そこに必ずと言ってよいほど何らかの相違が見出され、新たな差別が生まれてくる。それに対する法制度の整備も必要ではあるが、各人の意識を不断に更新し続けることが何よりも求められるのではないだろうか。

ここにいたるまでには、多くの方々との議論や雑談のなかで、耳に入る片言半句がヒントとなることもあった。直接、私の質問に答えてくださった方々もあった。ゼミの授業でこうしたテーマに取り組む学生から刺激を受けたのも、懐かしい思い出である。また執筆最後の年には、勤務先から一年間の研究休暇を得る機会に恵まれた。それがなければ本書の刊行はさらに延びていただろう。それぞれの場で快く力を貸してくださったお一人おひとりに、心からお礼申し上げる。ここではとくに安村直己さんと梅原秀元さんのお名前をあげておきたい。お二人はそれぞれのご専門から、原稿のしかるべき部分に目を通し、重要な気づきを与えてくださった。深く感謝するしだいである。

新書という小さな本でありながら、足掛け五年の大きな仕事となってしまった。この間、本書の執筆を可能な限り優先したため、お引き受けできない仕事もあった。ご迷惑をおかけした方々には、この場を借りてお詫び申し上げる。また編集部の杉田さんはいつもの通り、丁寧な本づくりにいそしんでくださった。何より、このような無謀で遠大な旅に誘い出していただいたことには、執筆を終えたいま、改めて感慨深いものがある。杉田さんに心からの感謝を記して、筆を擱くこととしたい。

二〇二二年三月　善福寺川のほとりにて

平野千果子

主要参考文献

本文中に直接引用・参照した外国語文献は末尾にその訳題を添えている．原書を参照した書物でも翻訳がある場合は，日本語文献のみ掲載した．また参照した文献すべては載せられないため，本文中に直接言及していないものは最小限にとどめた．

外国語文献

Badou, Gérard, *L'énigme de la Vénus hottentote*, Paris, J.-C. Lattès, 2000.（バドゥ『ホッテントット・ヴィーナスの謎』）

Baratay, Eric, Le frisson sauvage: les zoos comme mise en scène de la curiosité, Gilles Boetsch et al.（dir.）, *Zoos humains: de la Vénus hottentote aux reality shows*, Paris, La Découverte, 2002.（バラテ「野生の震え」）

Baum, Bruce, *The Rise and Fall of the Caucasian Race: a Political History of Racial Identity*, New York / London, New York University Press, 2006.（バウム『コーカサス人種の盛衰』）

Benbassa, Esther, *Dictionnaire des racismes, de l'exclusion et des discriminations*, Paris, Larousse, 2010.（ベンバサ『人種主義，排除，差別事典』）

Benn, Denis, *The Caribbean: an Intellectual History 1774-2003*, Kingston, Ian Randle Publishers, 2004.（ベン『カリブ人たち』）

Benot, Yves, *Diderot, de l'athéisme à l'anticolonialisme*, Paris, François Maspéro, 1970.（ブノ『ディドロ，無神論から反植民地主義へ』）

Benot, Yves, La destruction des Indiens de l'aire caraïbe, Marc Ferro（dir.）, *Le livre noir du colonialisme XVIe-XXIe siècle: de l'extermination à la repentance*, Paris, Robert Laffont, 2003.（ブノ「カリブ海インディアンの破壊」）

Benot, Yves, *Les lumières, l'esclavage, la colonisation*（textes réunis et présentés par Roland Desné et Marcel Dorigny）, Paris, La Découverte, 2005.

Bernier, François, Nouvelle division de la terre par les différentes espèces ou races d'hommes qui l'habitent, envoyée par un fameux voyageur à Monsieur *** à peu près en ces termes, *Journal des sçavans*, tome 12e, 1684.（ベルニエ「異なる人間の種類，あるいは人種による新しい大地の分

類」)

Blackburn, Robin, *The Making of New World Slavery: from the Baroque to the Modern 1492–1800*, London / New York, Verso, 1997.(ブラックバーン『新世界の奴隷制の形成』)

Blanckaert, Claude, « Les bas-fonds de la science française »: Clémence Royer, l'origine de l'homme et le darwinisme social, *Bulletins et Mémoires de la Société d'Anthropologie de Paris*, t. 3, n° 1–2, 1991.(ブランケルト「フランス科学の底辺」)

Blanckaert, Claude, *De la race à l'évolution: Paul Broca et l'anthropologie française, 1850–1900*, Paris, L'Harmattan, 2009.

Blanckaert, Claude(dir.), *La Vénus hottentote entre Barnum et Muséum*, Paris, Publications scientifiques du Muséum national d'histoire naturelle, 2013.

Boissel, Jean, *Gobineau: biographie, mythes et réalité*, Paris, Berg International, 1993.(ボワセル『ゴビノー』)

Boukari-Yabara, Amzat, *Africa Unite!: une histoire du panafricanisme*, Paris, La Découverte, 2014.

Chamberlain, Houston Stewart, *The Foundations of the Nineteenth Century*, London, John Lane(translation from the German by John Lees), 1911.(チェンバレン『19 世紀の基礎』)

Chaouli, Michael, Laocoön and the Hottentots, Sara Eigen / Mark Larrimore (eds.), *The German Invention of Race*, Alabany, State University of New York Press, 2006.(チュリ「ラオコーンとホッテントット」)

Christophe, Marc A., Leopold Sedar Senghor as Racial Theorist: a Comparison of His Thoughts with Those of Frobenius and Gobineau, *Obsidian II*, vol. 2, no. 3, 1987.(クリストフ「人種理論家としてのレオポール・セダール・サンゴール」)

Condorcet, Nicolas de, *Réflexions sur l'esclavage des nègres et autres textes abolitionnistes*, Paris, L'Harmattan, 2003.(コンドルセ『黒人奴隷制についての考察とその他の奴隷制廃止論』)

Coquery-Vidrovitch, Catherine, Le postulat de la supériorité blanche et de l'infériorité noire, Marc Ferro, *Le livre noir du colonialisme XVI*^e^*–XXI*^e^ *siècle: de l'extermination à la repentance*, Paris, Robert Laffont, 2003.(コクリ゠ヴィドロヴィッチ「白人の優越性と黒人の劣等性の公準」)

Coquery-Vidrovitch, Catherine, *Des victimes oubliées du nazisme: les noirs et l'Allemagne dans la première moitié du XXe siècle*, Paris, Le Cherche midi, 2007.（コクリ＝ヴィドロヴィッチ『ナチズムの忘れられた犠牲者たち』）

Cromwell, Dean B., *Championship Technique in Track and Field: a Book for Athletes, Coaches, and Spectators*, New York, Mcgraw-hill, 1949.（クロムウェル『トラック競技とフィールド競技における勝者の手腕』）

Cuvier, Georges, *Le règne animal distribué d'après son organisation, pour servir de base à l'histoire naturelle des animaux et d'introduction à l'anatomie comparée*, Tome I, Paris, Chez Déterville, 1817.（キュヴィエ『組成に基づく動物界の分類』）

Danrit, capitaine, *L'invasion noire*, Paris, Flammarion, 1894.（ダンリ大尉『黒い侵略』）

Danrit, capitaine, *L'invasion jaune*, Paris, Flammarion, 1905.（ダンリ大尉『黄色い侵略』）

Demars, Aline, *Clémence Royer l'intrépide: la plus savante des savants*, Paris, L'Harmattan, 2005.

Diderot, Denis, *Oeuvres*, t. III, *Politique*, édition établie par Laurent Versini, Paris, Robert Laffont, 1995.

Diderot et d'Alembert, *Encyclopédie, ou, Dictionnaire raisonné des sciences, des arts et des métiers, par une société de gens de lettres*, New York, Readex Microprint Corp., 1969.（ディドロ／ダランベール『百科全書』）

Dorlin, Elsa, *La matrice de la race: généalogie sexuelle et coloniale de la nation française*, Paris, La Découverte, 2009.（ドルラン『人種の原型《マトリス》』）

Doron, Claude Olivier, *L'homme altéré: races et dégénérescence (XVIIe–XIXe siècles)*, Ceyzérieu, Champ Vallon, 2016.

Ehrard, Jean, *Lumières et esclavage: l'esclavage colonial et l'opinion publique en France au XVIIIe siècle*, Bruxelles, André Versailles éditeur, 2008.（エラール『啓蒙と奴隷制』）

Englund, Steven, De l'antijudaïsme à l'antisémitisme, et à rebours, *Annales HSS*, n° 4, 2014.

Estève, Laurent, *Montesquieu, Rousseau, Diderot: du genre humain au bois d'ébène, les silences du droit naturel*, Paris, Editions UNESCO, 2002.（エス

テーヴ『モンテスキュー，ルソー，ディドロ』)

Evans, William McKee, From the Land of Canaan to the Land of Guinea: the Strange Odyssey of the "Sons of Ham", *American Historical Review*, 85, 1985.(エヴァンス「カナンの地からギニアの地へ」)

Fauvelle-Aymar, François-Xavier, *L'invention du hottentot: histoire du regard occidental sur les Khoisan, XVe–XIXe siècle*, Paris, Publications de la Sorbonne, 2002.(フォヴェル＝エマール『ホッテントットの発明』)

Firmin, Anténor, *De l'égalité des races humaines: anthropologie positive*, Paris, Cotillon, 1885.(フィルマン『人種平等論』)

Fontette, François de, *Histoire de l'antisémitisme*, 4e éd., Paris, PUF, 1993.

Forman, Ross G., *China and the Victorian Imagination: Empires Entwined*, Cambridge, Cambridge University Press, 2013.(フォーマン『中国とヴィクトリア期の想像力』)

Four Statements on the Race Question, Paris, UNESCO, 1969.(ユネスコ『人種問題に関する四つの声明』)

Fraisse, Geneviève, Clémence Royer(1830–1902): lecture de Darwin et regard féministe, *Raison présente*, n° 67, 1983.

Galton, Francis, *Hereditary Genius: an Inquiry into Its Laws and Consequences*, Gloucester, Peter Smith, 1972.(ゴルトン『遺伝的天才』)

Gobineau, Arthur de, *Oeuvres*, I,(avec « Introduction » de Jean Gaulmier), Paris, Gallimard, 1983.(ゴビノー『人種不平等論』)

Goldenberg, David M., *The Curse of Ham: Race and Slavery in Early Judaism, Christianity and Islam*, Princeton / Oxford, Princeton University Press, 2003.

Gordon, Murray, *L'esclavage dans le monde arabe: VIIe–XXe siècle*, traduit de l'anglais par Colette Vlérick, Paris, Tallandier, 2009.(ゴードン『アラブ世界における奴隷制』)

Grant, Madison, *The Passing of the Great Race: or the Racial Basis of European History*, New York, C. Scribner's Sons, 1916.(グラント『偉大なる人種の滅亡』)

Green, John C., Darwin as a Social Evolutionist, *Journal of the History of Biology*, 10–1, spring 1977.(グリーン「社会進化論者としてのダーウィン」)

Harris, Angela P., Foreward: Racial Capitalism and Law, Destin Jenkins / Justin Leroy(eds.), *Histories of Racial Capitalism*, New York, Columbia University Press, 2021.(ハリス「人種資本主義と法」)

Haudry, Jean, La tradition indo-européenne au regard de la linguistique, *L'information Grammaticale*, n° 29, 1986.(オドリー「言語学からみたインド・ヨーロッパの伝統」)

Hochschild, Adam, *Les fantômes du roi Léopold: la terreur coloniale dans l'État du Congo 1884–1908*, traduit de l'anglais par Marie-Claude Elsen et Frank Straschitz, Paris, Tallandier, 2007.(ホックシールド『レオポルド王の亡霊』)

Hooker, James R., *Henry Sylvester Williams: Imperial Pan-Africanist*, London, R. Collings, 1975.

Hotman, François, *Franco-Gallia*, trad. du latin par Simon Goulart, introd. et notes d'Antoine Leca, Aix-en-Provence, Presses universitaires d'Aix-Marseille, 1991.(オトマン『フランクのガリア』)

"International Convention on the Elimination of All Forms of Racial Discrimination", Office of the United Nations High Commissioner for Human Rights(https://www.ohchr.org/EN/ProfessionalInterest/Pages/CERD.aspx)(「人種差別撤廃条約」)

Katz, William Loren, *The Black West: a Documentary and Pictorial History of the African American Role in the Westward Expansion of the United States*, Golden(Colorado), Fulcrum, 2019.(カーツ『黒い西部』)

Knox, Robert, *The Races of Men: a Philosophical Enquiry into the Influence of Race over the Destinies of Nations*,(second edition, with supplementary chapters), London, Henry Renshaw, 1862.(ノックス『人間の種』)

Lagarde, André / Laurent Michard, *XVIIIe siècle: les grands auteurs français du programme*, Paris, Bordas, 1955, 1993.(ラガルド/ミシャール『18世紀』)

Lara, Oruno D., *La naissance du panafricanisme: les racines caraïbes, américaines et africaines du mouvement au XIXe siècle*, Paris, L'Harmattan, 2015.(ララ『パンアフリカニズムの誕生』)

Laurens, Henry / John Tolan / Gilles Veinstein, *L'Europe et l'islam: quinze siècles d'histoire*, Paris, Odile Jacob, 2009.(ロランスほか『ヨーロッパと

イスラーム』)

Laurent, Sylvie / Thierry Leclère, *De quelle couleur sont les blancs? : des "petits blancs" des colonies au "racisme anti-blancs"*, Paris, La Découverte, 2013.

Le Naour, Jean-Yves, *La honte noire: l'Allemagne et les troupes coloniales françaises, 1914–1945*, Paris, Hachette, 2003.

Le Naour, Jean-Yves, Les Allemands, le racisme et les troupes coloniales, *L'Histoire*, n° 284, 2004.(ルナウール「ドイツ人，人種主義，植民地部隊」)

Lewis, Bernard, *Race and Slavery in the Middle East: an Historical Enquiry*, New York / Oxford, Oxford University Press, 1990.(ルイス『中東における人種と奴隷制』

Lichtenberger, Henri, *L'Allemagne d'aujourd'hui dans ses relations avec la France*, Paris, G. Crès, 1922.(リシュタンベルジェ『今日のドイツ』)

Lusane, Clarence, *Hitler's Black Victims: the Historical Experiences of European Blacks, Africans and African Americans during the Nazi Era*, New York, Routledge, 2002.(ルーセイン『ヒトラーの黒人犠牲者たち』)

Mackay, Kenneth, *The Yellow Wave: a Romance of the Asiatic Invasion of Australia*, Middletown, Wesleyan University Press, 2003.(マッケイ『黄色い波』)

Malik, Kenan, *The Meaning of Race: Race, History and Culture in Western Society*, New York, New York University Press, 1996.(マーリック『人種の意味』)

Mercier-Faivre, Anne-Marie, La danse du hottentot: généalogie d'un désastre, Sarga Moussa(dir.), *L'idée de "race" dans les sciences humaines et la littérature(XVIIIe et XIXe siècles)*, Paris, L'Harmattan, 2003.(メルシエ＝フェーヴル「ホッテントットの踊り」)

Monod-Broca, Philippe, *Paul Broca: un géant du XIXe siècle*, Paris, Vuibert, 2005.

Montagu, Ashley, *Man's Most Dangerous Myth: the Fallacy of Race*,(6th edition), Oxford, Altamira Press, 1997.(モンタギュ『人間の最も危険な神話──人種という謬論《びゅうろん》』)

Montesquieu, *Oeuvres complètes*, t. 1, notes et commentaires par Édouard

Laboulaye, Paris, Garnier frères, 1877.

Montesquieu, *Pensées et fragments*, Bordeaux, G. Gnouilhou, 1899.（モンテスキュー『思想の断章』）

Moreau de Saint-Méry, Médéric Louis Elie, *Description topographique, physique, civile, politique et historique de la partie française de l'isle Saint-Domingue*, (2ᵉ édition), Paris, L. Guérin, 1875.（モロ＝ド＝サン＝メリ『仏領サン＝ドマングにおける地勢，身体，生活，政治，歴史に関する記述』）

Nott, Josiah / George Gliddon, *Types of Mankind*, (second edition), Philadelphia, Lippincott Grambo, 1854.（ノット／グリドン『人類の諸型』）

Pavé, François, *Le péril jaune à la fin du XIXᵉ siècle: fantasme ou réalité?*, Paris, L'Harmattan, 2013.

Peytraud, Lucien, *L'esclavage aux Antilles françaises avant 1789: d'après des documents inédits des archives coloniales*, Paris, Hachette, 1897.

Pluchon, Pierre, *Nègres et juifs au XVIIIᵉ siècle: le racisme au siècle des Lumières*, Paris, Tallandier, 1984.（プリュション『18 世紀の黒人とユダヤ人』）

Plumelle-Uribe, Rosa Amelia, *La férocité blanche: des non-Blancs aux non-Aryens, génocides occultés de 1492 à nos jours*, Paris, A. Michel, 2001.（プリュメル＝ウリベ『白人の残忍さ』）

Pommier, René, *Défense de Montesquieu: sur une lecture absurde du chapitre « De l'esclavage des nègres »*, Paris, Eurédit, 2014.（ポミエ『モンテスキュー擁護』）

Popkin, Richard H., *The High Road to Pyrrhonism*, San Diego, Austin Hill Press, 1980.（ポプキン『ピュロニズムへの王道』）

Rabault-Feuerhahn, Pascale, *Archives of Origins: Sanskrit, Philology, Anthropology in 19th Century Germany*, Wiesbaden, Harrassowitz, 2013.（ラボー＝フエラン『起源のアーカイヴ』）

Renan, Ernest, De la part des peuples sémitiques dans l'histoire de la civilisation, *Oeuvres complètes d'Ernest Renan*, t. II, Paris, Calmann-Lévy, 1948.（ルナン「文明史においてセム人の占める部分」）

Richard, Lionel, *Nazisme et barbarie*, Bruxelles, Complexe, 2006.

Ripley, William Z., *The Races of Europe: a Sociological Study*, London,

Kegan Paul / Trench / Trübner, 1899.(リプリー『ヨーロッパの人種』)
Robinson, Cedric J., *Black Marxism: the Making of the Black Radical Tradition,*(revised and updated third edition), Chapel Hill, The University of North Carolina Press, 2021.(ロビンソン『黒いマルクス主義』)
Royer, Clémence, *Origine de l'homme et des sociétés*, Paris, Guillaumin / Victor Masson, 1870.(ロワイエ『人間と社会の起源』)
Royer, Clémence, Préfaces de la première et la troisième édition de *L'origine des espèces* de Charles Darwin, Paris, Guillaumin / Victor Masson, 1870.
Ruscio, Alain, *Le credo de l'homme blanc: regards coloniaux français XIXe–XXe siècles*, Bruxelles, Complexe, 2002.
Saada, Emmanuelle, *Les enfants de la colonie: les métis de l'Empire français entre sujétion et citoyenneté*, Paris, La Découverte, 2007.(サアダ『植民地の子どもたち』)
Sala-Molins, Louis, *Le Code Noir ou le calvaire de Canaan*, Paris, PUF, 1987.(サラ＝モラン『黒人法典あるいはカナンの受難』)
Senghor, Léopold Sédar, Ce que l'homme noir apporte, *Liberté 1, Négritude et humanisme*, Paris, Seuil, 1964.(サンゴール「黒人がもたらしうるもの」)
Senghor, Léopold Sédar, Qu'est-ce que la négritude?(Conférence à l'Université de Montréal, 29 septembre 1966), *Liberté 3, Négritude et civilisation de l'universel*, Paris, Seuil, 1977.(サンゴール「ネグリチュードとは何か」)
Sherwood, Marika, *Origins of Pan-Africanism: Henry Sylvester Williams, Africa and the African Diaspora*, New York, Routledge, 2011.(シャーウッド『パンアフリカニズムの起源』)
Simar, Théophile, *Etude critique sur la formation de la doctrine des races: au XVIIIe siècle et son expansion au XIXe siècle*, Genève, Slatkine Reprints, 2003(Réimpression de l'édition de Paris-Bruxelles, 1922).(シマール『人種理論の形成に関する批判的研究』)
Slave Voyages: Trans-Atlantic Slave Trade-Estimates, Emory University (https://www.slavevoyages.org/assessment/estimates).(エモリー大学を中心とする大西洋奴隷貿易データベース「奴隷の航海」)
Smith, Robert A., Types of Mankind: Polygenism and Scientific Racism in the Nineteenth Century United States Scientific Community, Pittsburg State University Digital Commons Electronic Thesis Collection 5–2014.(スミス

「『人類の諸型』」)

Solomos, John, *Race and Racism in Britain*,(third edition), New York, Palgrave MacMillan, 2003.(ソロモス『イギリスの人種と人種主義』)

Sweeney, Shauna J., Gendering Racial Capitalism and the Black Heretical Tradition, Destin Jenkins / Justin Leroy(eds.), *Histories of Racial Capitalism*, New York, Columbia University Press, 2021.(スウィニー「人種資本主義のジェンダー化と黒人の異端の伝統」)

Taguieff, Pierre-André, *La force du préjugé: essai sur le racisme et ses doubles*, Paris, La Découverte, 1987.(タギエフ『偏見の力』)

Taguieff, Pierre-André, *Dictionnaire historique et critique du racisme*, Paris, PUF, 2013.(タギエフ『人種主義史批判事典』)

Thode-Arora, Hilke, Hagenbeck et les tournées européennes: l'élaboration du zoo humain, Gilles Boetsch et al.(dir.), *Zoos humains: de la Vénus hottentote aux reality shows*, Paris, La Découverte, 2002.(トド＝アローラ「ハーゲンベックとヨーロッパ巡業」)

Thomas, Hugh, *Rivers of Gold: the Rise of the Spanish Empire*, London, Penguin, 2010.(トマス『金の河』)

Tobner, Odile, *Du racisme français: quatre siècles de négrophobie*, Paris, Les Arènes, 2007.(トブネール『フランスの人種主義』)

Towa, Marcien, *Léopold Sédar Senghor: négritude ou servitude?*, Yaoundé, Clé, 1976.(トワ『レオポール・セダール・サンゴール』)

Vermeil, Edmond, *L'Allemagne contemporaine(1919–1924): sa structure et son évolution politiques, économiques et sociales*, Paris, F. Alcan, 1925.(ヴェルメイユ『現代のドイツ』)

Wall, Cheryl A., *The Harlem Renaissance: a Very Short Introduction*, New York, Oxford University Press, 2016.

Wartelle, Jean-Claude, La Société d'anthropologie de Paris de 1859 à 1920, *Revue d'histoire des sciences humaines*, n° 10, 2004.(ワルテル「パリ人類学会」)

Warwick, Peter, *Black People and the South African War, 1899–1902*, Cambridge, Cambridge University Press, 1983.(ウォリック『黒人と南アフリカ戦争』)

Yildiz, Tarik, *Le racisme anti-blanc, ne pas en parler: un déni de réalité*,

Nîmes, Les Éditions du Puits de Roulle, 2010.
Zimmermann, Moshe, *Wilhelm Marr: the Patriarch of Anti-Semitism*, Oxford University Press, 1987.(ジマーマン『ヴィルヘルム・マル』)

日本語文献

青木健『アーリア人』講談社，2009 年.
荒木圭子「パン・アフリカニズムとアフリカ——アフリカン・ディアスポラとアフリカ人の連帯」東海大学教養学部国際学科編『国際学のすすめ——グローバル時代を生きる人のために』(第 4 版)東海大学出版会，2013 年.
荒木和華子・福本圭介編『帝国のヴェール——人種・ジェンダー・ポストコロニアリズムから解く世界』明石書店，2021 年.
アーレント，ハナ『全体主義の起原 2 帝国主義』大島通義・大島かおり訳，みすず書房，1972 年.
飯倉章『イエロー・ペリルの神話——帝国日本と「黄禍」の逆説』彩流社，2004 年.
飯塚浩二「白禍と黄禍——日露戦争中の A・フランスと第二次大戦後の G・デュアメル」『世界』第 212 号，1963 年.
石田勇治『ヒトラーとナチ・ドイツ』講談社現代新書，2015 年.
石母田正「モンテスキューにおける奴隷制度の理論——『法の精神』の批判的解釈の一つの試み」『歴史評論』第 2 巻第 5 号，1947 年.
市野川容孝「社会的なものの概念と生命——福祉国家と優生学」『思想』第 908 号，2000 年.
井野瀬久美恵『植民地経験のゆくえ——アリス・グリーンのサロンと世紀転換期の大英帝国』人文書院，2004 年.
井野瀬久美恵「コルストン像はなぜ引き倒されたのか——都市の記憶と銅像の未来」『歴史学研究』第 1012 号，2021 年.
ウィットマン，ジェイムズ・Q.『ヒトラーのモデルはアメリカだった——法システムによる「純血の追求」』西川美樹訳，みすず書房，2018 年.
ウィリアムズ，エリック『コロンブスからカストロまで——カリブ海域史，1492–1969』1・2，川北稔訳，岩波書店，1978 年．岩波現代文庫，

2014年.
ウィリアムズ，エリック『資本主義と奴隷制――ニグロ史とイギリス経済史』中山毅訳，理論社，1968年．ちくま学芸文庫，2020年.
植木哲也『新版・学問の暴力――アイヌの墓地はなぜあばかれたか』春風社，2017年.
植木哲也「帝大教授のアイヌ墓地発掘――小金井良精の第二回北海道旅行(1889年)」『苫小牧駒澤大学紀要』第33号，2018年.
上杉忍『アメリカ黒人の歴史――奴隷貿易からオバマ大統領まで』中公新書，2013年.
ヴォルテール『歴史哲学――『諸国民の風俗と精神について』序論』安斎和雄訳，法政大学出版局，1989年.
梅原秀元「「安楽死」という名の大量虐殺」中野智世ほか『「価値を否定された人々」』
エルティス，デイヴィッド／デイヴィッド・リチャードソン『環大西洋奴隷貿易歴史地図』増井志津代訳，東洋書林，2012年.
エールハーフェン，イングリット・フォン／ティム・テイト『わたしはナチスに盗まれた子ども――隠蔽された〈レーベンスボルン〉計画』黒木章人訳，原書房，2020年.
大辻都「「混血」とは誰か？――サン＝ドマングの法律家モロー・ド・サン＝メリーの「科学的」ディスクール」『国際交流研究』(フェリス女学院大学)第7号，2005年.
大沼保昭「国際法史における欧米中心主義」大沼保昭編『戦争と平和の法』東信堂，1987年.
大沼保昭編『国際条約集』有斐閣，2004年.
岡崎勝世「リンネの人間論――ホモ・サピエンスと穴居人(ホモ・トログロデュッテス)」『埼玉大学紀要(教養学部)』第41巻第2号，2006年.
小田博志「骨から人へ――あるアイヌ遺骨のrepatriationと再人間化」『北方人文研究』第11号，2018年.
小田博志「ドイツから「移管」されたあるアイヌの遺骨と脱植民地化」松島泰勝・木村朗編著『大学による盗骨』
風間喜代三『言語学の誕生――比較言語学小史』岩波新書，1978年.
金子マーティン編『「ジプシー収容所」の記憶――ロマ民族とホロコー

スト』岩波書店，1998 年.
ガレアーノ，エドゥアルド『収奪された大地──ラテンアメリカ 500 年』大久保光夫訳，藤原書店，1991 年.
川島浩平『人種とスポーツ──黒人は本当に「速く」「強い」のか』中公新書，2012 年.
カント，イマヌエル「美と崇高の感情にかんする観察」久保光志訳『カント全集 2』岩波書店，2000 年.
カント，イマヌエル「さまざまな人種について」福田喜一郎訳『カント全集 3』岩波書店，2001 年.
カント，イマヌエル「人種の概念の規定」望月俊孝訳，「哲学における目的論的原理の使用について」望月俊孝訳『カント全集 14』岩波書店，2000 年.
カント，イマヌエル『カント全集 16 自然地理学』岩波書店，2000 年.
北垣徹「ダーウィンを消した女──クレマンス・ロワイエと仏訳『種の起原』」阪上孝編『変異するダーウィニズム』
貴堂嘉之『アメリカ合衆国と中国人移民──歴史のなかの「移民国家」アメリカ』名古屋大学出版会，2012 年.
貴堂嘉之『移民国家アメリカの歴史』岩波新書，2018 年.
貴堂嘉之『南北戦争の時代』岩波新書，2019 年.
貴堂嘉之「人種資本主義序説──BLM 運動が投げかけた世界史的問い」荒木和華子・福本圭介編『帝国のヴェール』
木畑和子「優生学とナチス・ドイツの強制断種手術」中野智世ほか『「価値を否定された人々」』
ギルロイ，ポール『ブラック・アトランティック──近代性と二重意識』上野俊哉・毛利嘉孝・鈴木慎一郎訳，月曜社，2006 年.
グギ・ワ・ジオンゴ『精神の非植民地化──アフリカ文学における言語の政治学』(増補新版)宮本正興・楠瀬佳子訳，第三書館，2010 年.
グールド，スティーヴン・J.『人間の測りまちがい──差別の科学史』上・下，鈴木善次・森脇靖子訳，河出書房新社，2008 年.
黒川みどり『創られた「人種」──部落差別と人種主義《レイシズム》』有志舎，2016 年.
ゴルヴィツァー，ハインツ『黄禍論とは何か』瀬野文教訳，草思社，1999 年.

コロン，クリストーバル『コロンブス航海誌』林屋永吉訳，岩波文庫，1977年.
鈴木英明『解放しない人びと，解放されない人びと――奴隷廃止の世界史』東京大学出版会，2020年.
斎藤光「ダーウィン」『岩波哲学・思想事典』岩波書店，1998年.
サイード，エドワード『オリエンタリズム』今沢紀子訳，平凡社，1986年．上・下，平凡社ライブラリー，1993年.
酒井直樹「近代化とレイシズム」鵜飼哲／酒井直樹／テッサ・モーリス＝スズキ／李孝徳『レイシズム・スタディーズ序説』以文社，2012年.
阪上孝編『変異するダーウィニズム――進化論と社会』京都大学学術出版会，2003年.
サルトル，ジャン＝ポール『ユダヤ人』安堂信也訳，岩波新書，1956年.
ジェームズ，シリル・L. R.『ブラック・ジャコバン――トゥサン＝ルヴェルチュールとハイチ革命』青木芳夫訳，大村書店，1991年.
篠原初枝『国際連盟――世界平和への夢と挫折』中公新書，2010年.
芝健介『ホロコースト――ナチスによるユダヤ人大量殺戮の全貌』中公新書，2008年.
シービンガー，ロンダ『女性を弄ぶ博物学――リンネはなぜ乳房にこだわったのか？』小川眞理子・財部香枝訳，工作舎，1996年.
清水知久『増補 米国先住民の歴史――インディアンと呼ばれた人びとの苦難・抵抗・希望』明石書店，1992年.
下地ローレンス吉孝『「混血」と「日本人」――ハーフ・ダブル・ミックスの社会史』青土社，2018年.
スー，デラルド・ウィン『日常生活に埋め込まれたマイクロアグレッション――人種，ジェンダー，性的指向，マイノリティに向けられる無意識の差別』マイクロアグレッション研究会訳，明石書店，2020年.
杉本淑彦「白色人種論とアラブ人――フランス植民地主義のまなざし」藤川隆男編『白人とは何か――ホワイトネス・スタディーズ入門』刀水書房，2005年.
関哲行「近世のアンダルシーア都市セビーリャにおける黒人兄弟団」『地中海研究所紀要』第4号，2006年.

主要参考文献

セゼール，エメ『帰郷ノート／植民地主義論』砂野幸稔訳，平凡社ライブラリー，2004 年.
セプールベダ『第二のデモクラテス——戦争の正当原因についての対話』染田秀藤訳，岩波文庫，2015 年.
副島美由紀「ドイツの植民地ジェノサイドとホロコーストの比較論争——ナミビアにおける「ヘレロ・ナマの蜂起」を巡って」『小樽商科大学人文研究』第 119 号，2010 年.
染田秀藤『大航海時代における異文化理解と他者認識——スペイン語文書を読む』溪水社，1995 年.
染田秀藤『ラス＝カサス』清水書院，1997 年.
ダーウィン，チャールズ『種の起原』上・下，八杉龍一訳，岩波文庫，1990 年.
ダーウィン，チャールズ『人間の由来』上・下，長谷川眞理子訳，講談社学術文庫，2016 年.
高田紘二「ジョン・ロックと奴隷制に関する諸問題」(正)(続)『研究季報』(奈良県立商科大学)第 4 巻第 4 号，第 5 巻第 4 号，1994，1995 年.
タキトゥス，コルネーリウス『ゲルマーニア』泉井久之助訳，岩波文庫，1979 年.
竹沢尚一郎「人種／国民／帝国主義——19 世紀フランスにおける人種主義人類学の展開とその批判」『国立民族学博物館研究報告』第 30 巻第 1 号，2005 年.
竹沢泰子編『人種概念の普遍性を問う——西洋的パラダイムを超えて』人文書院，2005 年.
竹沢泰子「人種概念の包括的理解に向けて」竹沢泰子編『人種概念の普遍性を問う』
竹沢泰子・斉藤綾子編『人種神話を解体する 1 可視性と不可視性のはざまで』東京大学出版会，2016 年.
竹沢泰子・坂野徹編『人種神話を解体する 2 科学と社会の知』東京大学出版会，2016 年.
竹沢泰子・川島浩平編『人種神話を解体する 3「血」の政治学を越えて』東京大学出版会，2016 年.
竹田英尚『文明と野蛮のディスクール——異文化支配の思想史〈1〉』ミネルヴァ書房，2000 年.

竹本友子「アメリカ植民協会の歴史的性格——黒人解放運動との関連において」『史苑』(立教大学史学会)第42巻第1・2号，1982年．

ダルモン，ピエール『医者と殺人者——ロンブローゾと生来性犯罪者伝説』鈴木秀治訳，新評論，1992年．

ダワー，ジョン・W.『人種偏見——太平洋戦争に見る日米摩擦の底流』猿谷要監修，斎藤元一訳，TBSブリタニカ，1987年．『容赦なき戦争——太平洋戦争における人種差別』平凡社ライブラリー，2001年．

チェイス=リボウ，バーバラ『ホッテントット・ヴィーナス——ある物語』井野瀬久美惠監訳，法政大学出版局，2012年．

千葉則夫『W. E. B. デュボイス——人種平等獲得のための闘い』近代文芸社，2003年．

中條献『歴史のなかの人種——アメリカが創り出す差異と多様性』北樹出版，2004年．

デュボイス，W. E. B.『黒人のたましい』木島始・鮫島重俊・黄寅秀訳，岩波文庫，1992年．

デュラス，マルグリット『愛人 ラマン』清水徹訳，河出文庫，1992年．

寺田和夫『人種とは何か』岩波新書，1967年．

トドロフ，ツヴェタン『他者の記号学——アメリカ大陸の征服』及川馥・大谷尚文・菊地良夫訳，法政大学出版局，1986年．

トドロフ，ツヴェタン『われわれと他者——フランス思想における他者像』小野潮・江口修訳，法政大学出版局，2001年．

トンプソン，レナード『南アフリカの歴史』(最新版)宮本正興・吉國恒雄・峯陽一・鶴見直城訳，明石書店，2009年．

中野耕太郎『20世紀アメリカの夢』岩波新書，2019年．

中野智世・木畑和子・梅原秀元・紀愛子『「価値を否定された人々」——ナチス・ドイツの強制断種と「安楽死」』新評論，2021年．

永原陽子「南アフリカ戦争とその時代」歴史学研究会編『講座世界史5 強者の論理——帝国主義の時代』東京大学出版会，1995年．

永原陽子「南アフリカにおける「ユダヤ人問題」——覚え書き」下村由一・南塚信吾編『マイノリティと近代史』彩流社，1996年．

永原陽子「ナミビアの植民地戦争と「植民地責任」」永原陽子編『「植民地責任」論——脱植民地化の比較史』青木書店，2009年．

中村隆之『野蛮の言説——差別と排除の精神史』春陽堂ライブラリー，

2020 年.
中山俊「サラ・バールトマンの遺骸返還についての再検討」『二十世紀研究』第 21 号，2020 年.
ナンタ，アルノ「ポール・ブロカの形質人類学の前提――政治(性)の拒否と変移説の否定」『人文學報』(京都大学人文科学研究所)第 97 号，2008 年.
ニコラス，リン・H.『ナチズムに囚われた子どもたち――人種主義が踏みにじった欧州と家族』上・下，若林美佐知訳，白水社，2018 年.
西山俊彦『カトリック教会と奴隷貿易――現代資本主義の興隆に関連して』サンパウロ，2005 年.
橋川文三『黄禍物語』岩波現代文庫，2000 年.
ハージ，ガッサン『ホワイト・ネイション――ネオ・ナショナリズム批判』保苅実・塩原良和訳，平凡社，2003 年.
長谷川一年「アルチュール・ド・ゴビノーの人種哲学――『人種不平等論』を中心に」(1)(2)『同志社法学』第 52 巻第 4，5 号，2000，2001 年.
長谷川一年「レヴィ゠ストロースとゴビノー――レイシズムをめぐって」『思想』第 1016 号，2008 年.
長谷川一年「ゴビノーとフィルマン――二つの人種理論」柳沢史明ほか編『混沌の共和国』
バナール，マーティン『ブラック・アテナ――古典ギリシア文明のアフロ・アジア的ルーツ』I，片岡幸彦監訳，新評論，2007 年.
馬場優子「人種主義と人種的偏見」寺田和夫編『人類学講座第 7 巻 人種』雄山閣出版，1977 年.
浜忠雄「リンカーンの黒人植民構想とハイチ承認」『北海学園大学人文論集』第 53 号，2012 年.
原田一美「「ナチズムと人権主義」考(1)――20 世紀初頭までの系譜」，「「黒い汚辱」キャンペーン――「ナチズムと人種主義」考(2)」『大阪産業大学人間環境論集』第 5，6 号，2006，2007 年.
原田伴彦『被差別部落の歴史』朝日新聞社，1975 年.
バリバール，エティエンヌ「「新人種主義」は存在するか」須田文明訳，エティエンヌ・バリバール／イマヌエル・ウォーラーステイン『人種・国民・階級――揺らぐアイデンティティ』(新装版)若森章孝ほか

訳，大村書店，1997 年.
バリバール，エティエンヌ「レイシズムの構築」佐藤嘉幸訳，鵜飼哲ほか編『レイシズム・スタディーズ序説』以文社，2012 年.
ハンケ，ルイス『アリストテレスとアメリカ・インディアン』佐々木昭夫訳，岩波新書，1974 年.
樋口謹一編『モンテスキュー研究』白水社，1984 年.
ヒトラー，アドルフ『わが闘争』上・下，平野一郎・将積茂訳，角川文庫，1973 年.
ビトリア『人類共通の法を求めて』佐々木孝訳，岩波書店，1993 年.
日吉和子「アファーマティブ・アクション政策を巡る動きと多人種混血集団について」『城西大学女子短期大学部紀要』第 15 巻第 1 号，1998 年.
平野千果子「第三共和政期フランスの公教育と植民地──人種主義の観点から教科書を読む」西川長夫・渡辺公三編『世紀転換期の国際秩序と国民文化の形成』柏書房，1999 年.
平野千果子『フランス植民地主義の歴史──奴隷制廃止から植民地帝国の崩壊まで』人文書院，2002 年.
平野千果子『アフリカを活用する──フランス植民地からみた第一次世界大戦』人文書院，2014 年.
平野千果子「奴隷制時代のフランスにおける「黒人」──見えないものから見えないものへ」『歴史学研究』第 946 号，2016 年.
平野千果子「連鎖するディアスポラ──フランス領カリブ海からのまなざし」『武蔵大学人文学会雑誌』第 52 巻第 1・2 号，2021 年.
平野亮『骨相学──能力人間学のアルケオロジー』世織書房，2015 年.
ヒルバーグ，ラウル『ヨーロッパ・ユダヤ人の絶滅』上・下，望田幸男・原田一美・井上茂子訳，柏書房，1997 年.
廣部泉『人種戦争という寓話──黄禍論とアジア主義』名古屋大学出版会，2017 年.
ファノン，フランツ『黒い皮膚・白い仮面』海老坂武・加藤晴久訳，みすず書房，1970 年.
フェロー，マルク『植民地化の歴史──征服から独立まで 13–20 世紀』片桐祐・佐野栄一訳，新評論，2017 年.
フォンテット，フランソワ・ド『人種差別』高演義訳，白水社文庫クセ

ジュ，1989 年.
ブーガンヴィル『世界周航記』山本淳一訳，ディドロ『ブーガンヴィル航海記補遺』中川久定訳(シリーズ世界周航記 2)岩波書店，2007 年.
藤川隆男『人種差別の世界史――白人性とは何か？』刀水書房，2011 年.
藤永茂『『闇の奥』の奥――コンラッド・植民地主義・アフリカの重荷』三交社，2006 年.
フランス，アナトオル『白き石の上にて』権守操一訳(アナトオル・フランス長篇小説全集，第 11 巻)白水社，1950 年.
フレドリクソン，ジョージ『人種主義の歴史』李孝徳訳，みすず書房，2009 年.
ベネディクト，ルース『レイシズム』阿部大樹訳，講談社学術文庫，2020 年.
ベーレンバウム，マイケル『ホロコースト全史』芝健介監修，石川順子・高橋宏訳，創元社，1996 年.
ボウラー，ピーター・J.『進化思想の歴史』上・下，鈴木善次ほか訳，朝日新聞社，1987 年.
ポリアコフ，レオン『アーリア神話――ヨーロッパにおける人種主義と民族主義の源泉』アーリア主義研究会訳，法政大学出版局，1985 年.
本田創造『アメリカ黒人の歴史 新版』岩波新書，1991 年.
前川一郎『イギリス帝国と南アフリカ――南アフリカ連邦の形成 1899–1912』ミネルヴァ書房，2006 年.
増田義郎ほか編『大航海時代叢書 I コロンブス・アメリゴ・ガマ・バルボア・マゼラン 航海の記録』岩波書店，1965 年.
増田義郎「インディアスの人権問題とラス・カサス」『思想』第 567 号，1971 年.
増田義郎『太平洋――開かれた海の歴史』集英社新書，2004 年.
松島泰勝・木村朗編著『大学による盗骨――研究利用され続ける琉球人・アイヌ遺骨』耕文社，2019 年.
松永俊男『チャールズ・ダーウィンの生涯――進化論を生んだジェントルマンの社会』朝日新聞出版，2009 年.
松永俊男「メンデルは遺伝学の祖か」『生物学史研究』第 94 号，2016 年.

松永俊男「遺伝の観念の誕生，およびメンデル再考」『生物学史研究』第 96 号，2017 年.
松森奈津子『野蛮から秩序へ――インディアス問題とサラマンカ学派』名古屋大学出版会，2009 年.
ミシェル，オレリア『黒人と白人の世界史――「人種」はいかにつくられてきたか』児玉しおり訳，明石書店，2021 年.
峯陽一『南アフリカ――「虹の国」への歩み』岩波新書，1996 年.
宮本正興・松田素二編『新書アフリカ史』講談社現代新書，1997 年. 改訂新版，2018 年.
ムーア，ロバート「19 世紀ヨーロッパにおける人種と不平等」五十嵐泰正訳，竹沢泰子編『人種概念の普遍性を問う』
メンミ，アルベール『人種差別』菊地昌実・白井成雄訳，法政大学出版局，1996 年.
本橋哲也『ポストコロニアリズム』岩波新書，2005 年.
モンテスキュー『法の精神』上・中・下，野田良之・稲本洋之助・上原行雄・田中治男・三辺博之・横田地弘訳，岩波文庫，1989 年.
モンテスキュー『ペルシャ人の手紙』田口卓臣訳，講談社学術文庫，2020 年.
柳沢史明『〈ニグロ芸術〉の思想文化史――フランス美術界からネグリチュードへ』水声社，2018 年.
柳沢史明編『混沌の共和国――「文明化の使命」の時代における渡世のディスクール』ナカニシヤ出版，2019 年.
山田史郎『アメリカ史のなかの人種』山川出版社，2006 年.
山本秀行「ナチ人種主義再考――1942 年 9 月 16 日のヒムラーの演説を読む」『お茶の水史学』第 54 号，2010 年.
山本めゆ「人種概念としての「名誉白人」――アパルトヘイト期南アフリカの日本人コミュニティに注目して」『ソシオロジ』第 56 巻第 3 号，2012 年.
弓削尚子『啓蒙の世紀と文明観』山川出版社，2004 年.
弓削尚子「「コーカソイド」概念の誕生――ドイツ啓蒙期におけるブルーメンバッハの「人種」とジェンダー」『お茶の水史学』第 55 号，2011 年.
米本昌平ほか『優生学と人間社会――生命科学の世紀はどこへ向かうの

か』講談社現代新書，2000 年.
ラヴジョイ，アーサー・O.『存在の大いなる連鎖』内藤健二訳，ちくま学芸文庫，2013 年.
ラス・カサス，バルトロメ・デ『インディアス史』第 5 巻，長南実訳，岩波書店，1992 年.
ラス・カサス，バルトロメ・デ『インディオは人間か』染田秀藤訳，岩波書店，1995 年.
ラッセル，ジョン・G.『日本人の黒人観――問題は「ちびくろサンボ」だけではない』新評論，1991 年.
ルソー，ジャン＝ジャック『社会契約論』桑原武夫・前川貞次郎訳，岩波文庫，1954 年.
ルソー，ジャン＝ジャック『人間不平等起原論』本田喜代治・平岡昇訳，岩波文庫，1972 年.
レヴィ＝ストロース，クロード『人種と歴史』荒川幾男訳，みすず書房，1970 年.
歴史学研究会編『南北アメリカの 500 年 第 1 巻「他者」との遭遇』青木書店，1992 年.
歴史学研究会編『世界史史料 7 南北アメリカ――先住民の世界から 19 世紀まで』岩波書店，2008 年.
歴史学研究会編『世界史史料 10 20 世紀の世界 I』岩波書店，2006 年.
レーナル，ギヨーム＝トマ『両インド史 東インド篇』上，大津真作訳，法政大学出版局，2009 年.
レーナル，ギヨーム＝トマ『両インド史 西インド篇』上，大津真作訳，法政大学出版局，2015 年.
ロス，ロバート『南アフリカの歴史』石鎚優訳，創土社，2009 年.
ロック，ジョン『完訳 統治二論』加藤節訳，岩波文庫，2010 年.
ローレン，ポール・ゴードン『国家と人種偏見』大蔵雄之助訳，TBS ブリタニカ，1995 年.
渡辺公三『司法的同一性の誕生――市民社会における個体識別と登録』言叢社，2003 年.
渡辺公三「近代システムへの〈インドからの道〉――あるいは「指紋」の発見」『現代思想』第 22 巻第 7 号，1994 年.

図版出典一覧

序章扉，1–3……著者撮影

第 1 章扉，1–1，1–4(下)，第 4 章扉，4–1，4–8……Public Domain

1–2……123RF

1–4(上)……Christian Grataloup, *L'invention des continents et des océans: histoire de la représentation du monde*, Paris, Larousse, 2020, p. 41.

第 2 章扉，2–3，4–2，4–6……Gallica

2–1……作図：前田茂実

第 3 章扉，5–5……アメリカ議会図書館

3–1，3–5……Claude Blanckaert(dir.), *La Vénus hottentote entre Barnum et Muséum*, Paris, Publications scientifiques du Muséum national d'histoire naturelle, 2013, p. 190, 142.

3–2……Roger-Viollet/amanaimages

3–3……François Hotman, *Franco-Gallia*, trad. du latin par Simon Goulart, introd. et notes d'Antoine Leca, Aix-en-Provence, Presses universitaires d'Aix-Marseille, 1991.

3–4……ウェルカム・コレクション

4–3……Claude Blanckaert, «Les bas-fonds de la science française»: Clémence Royer, l'origine de l'homme et le darwinisme social, *Bulletins et Mémoires de la Société d'Anthropologie de Paris*, t. 3, no. 1–2, 1991, p. 117.

4–4(上)(下)……アメリカ国立公文書館

5–1……ZUMAPRESS. com/amanaimages

5–3……西川正雄・南塚信吾『帝国主義の時代』講談社，1986 年，55 頁.

5–4……James R. Hooker, *Henry Sylvester Williams: Imperial Pan-Africanist*, London, R. Collings, 1975.

終章扉……AP/ アフロ

平野千果子

1958年，東京都生まれ
現在―武蔵大学人文学部教授
専攻―フランス植民地史
著書―『フランス植民地主義の歴史』(人文書院)
『フランス植民地主義と歴史認識』(岩波書店)
『アフリカを活用する』(人文書院)
『新しく学ぶフランス史』(編著，ミネルヴァ書房)
『グローバリゼーションと植民地主義』(共著，人文書院)
『欧州統合の半世紀と東アジア共同体』(共著，日本経済評論社)
『ヨーロッパ史講義』(共著，山川出版社)
マルク・ブロック『奇妙な敗北』(翻訳，岩波書店) ほか

人種主義の歴史　岩波新書(新赤版)1930

2022年5月20日　第1刷発行
2024年10月4日　第4刷発行

著　者　平野千果子《ひらのちかこ》

発行者　坂本政謙

発行所　株式会社 岩波書店
〒101-8002 東京都千代田区一ツ橋 2-5-5
案内 03-5210-4000　営業部 03-5210-4111
https://www.iwanami.co.jp/

新書編集部 03-5210-4054
https://www.iwanami.co.jp/sin/

印刷・三陽社　カバー・半七印刷　製本・中永製本

ISBN 978-4-00-431930-6　Printed in Japan

岩波新書新赤版一〇〇〇点に際して

ひとつの時代が終わったと言われて久しい。だが、その先にいかなる時代を展望するのか、私たちはその輪郭すら描きえていない。二〇世紀から持ち越した課題の多くは、未だ解決の緒を見つけることのできないままであり、二一世紀が新たに招きよせた問題も少なくない。グローバル資本主義の浸透、憎悪の連鎖、暴力の応酬――世界は混沌として深い不安の只中にある。

現代社会においては変化が常態となり、速さと新しさに絶対的な価値が与えられた。消費社会の深化と情報技術の革命は、種々の境界を無くし、人々の生活やコミュニケーションの様式を根底から変容させてきた。ライフスタイルは多様化し、一面では個人の生き方をそれぞれが選びとる時代が始まっている。同時に、新たな格差が生まれ、様々な次元での亀裂や分断が深まっている。社会や歴史に対する意識が揺らぎ、普遍的な理念に対する根本的な懐疑や、現実を変えることへの無力感がひそかに根を張りつつある。そして生きることに誰もが困難を覚える時代が到来している。

しかし、日常生活のそれぞれの場で、自由と民主主義を獲得し実践することを通じて、私たち自身がそうした閉塞を乗り超え、希望の時代の幕開けを告げてゆくことは不可能ではあるまい。そのために、いま求められていること――それは、個と個の間で開かれた対話を積み重ねながら、人間らしく生きることの条件について一人ひとりが粘り強く思考することではないか。その営みの糧となるものが、教養に外ならないと私たちは考える。歴史とは何か、よく生きるとはいかなることか、世界そして人間はどこへ向かうべきなのか――こうした根源的な問いとの格闘が、文化と知の厚みを作り出し、個人と社会を支える基盤としての教養となった。まさにそのような教養への道案内こそ、岩波新書が創刊以来、追求してきたことである。

岩波新書は、日中戦争下の一九三八年一一月に赤版として創刊された。創刊の辞は、道義の精神に則らない日本の行動を憂慮し、批判的精神と良心的行動の欠如を戒めつつ、現代人の現代的教養を刊行の目的とする、と謳っている。以後、青版、黄版、新赤版と装いを改めながら、合計二五〇〇点余りを世に問うてきた。そして、いままた新赤版が一〇〇〇点を迎えたのを機に、人間の理性と良心への信頼を再確認し、それに裏打ちされた文化を培っていく決意を込めて、新しい装丁のもとに再出発したいと思う。一冊一冊から吹き出す新風が一人でも多くの読者の許に届くこと、そして希望ある時代への想像力を豊かにかき立てることを切に願う。

（二〇〇六年四月）